勝利の人間学

池田大作

目次

目次

5

目　次

目次

ブックデザイン　八幡清信＋小林正人

一、本書は、「創価新報」の連載「池田名誉会長が贈る――勝利の人間学」（二〇一二年二月上旬号〜二〇一四年九月下旬号）と「創価の光――池田名誉会長が若き友に贈る」（二〇一〇年一月下旬号〜二〇一一年六月上旬号）を、著者の了解を得て、『勝利の人間学』として収録した。

一、御書の引用は、『新編　日蓮大聖人御書全集』（創価学会版、第二六六刷）を（御書〇〇㌻）と表記した。

一、法華経の引用は、『妙法蓮華経並開結』（創価学会版）を（法華経〇〇㌻）と表記した。

一、編集部による注は、（＝　）と記した。

――編集部

勝利の人間学

池田大作

声仏事《ぶつじ》を為《な》す

信心の根本は題目である。

白馬《はくば》が大草原を颯爽《さっそう》と駆けていくような、清々《すがすが》しい唱題を心がけたい。

その題目の声が、行動となる。力《ちから》となり、エネルギーとなる。そこから勢いも生まれる。

たとえ一遍《いっぺん》の題目であっても、全宇宙に響き渡る。妙法《みょうほう》の音律《おんりつ》は、諸天《しょてん》を揺り動かさずにはおかない。

ある時、皆で題目三唱したが、声が揃《そろ》わない。戦いに臨《のぞ》む皆の呼吸が、合っていなかった。心がバラバラでは、皆の力《ちから》も、結果も出ない。

私は、何度もやり直した。声が揃《そろ》うまで題目を唱えた。そして「前進」という合言葉を皆で何回も繰り返して叫んだ。最初は弱々しい声が、だんだん勇気凜々《りんりん》と力強くなっていった。皆の心に「前進する決意と自信」がみなぎっていった。

心が声に表れる。声が壁を破る。声が出るようになった時、勝利へ怒濤《どとう》の前進が始まったのである。

会合も声で決まる。もちろん、声が外にもれないよう気遣《きづか》うことは大切だ。そのうえで、張りのある声、確信に満ちあふれた声が響く会合をお願いしたい。

役員の皆さんは、「仏を敬《うやま》うがごとく」、参加者を温かく迎え、送り出していただきたい。爽《さわ》やかなあいさつの声が、時間をやりくりして会合に駆けつけた友の心を明るく満たす。

体調の辛《つら》そうな人がいたら声をかける。帰宅の際に無事故を呼びかける――こまやかな心配りの一声《ひとこえ》が命を守る。同志を守り抜かんとする一念《いちねん》の音声《おんじょう》が、魔《ま》を退散《たいさん》させる。

「声仏事《ぶつじ》を為《な》す」（御書七〇八ジペー）である。声で仏の仕事をするのだ。

13 声仏事を為す

14

朗らかに仏法を語れ

折伏《しゃくぶく》は、勇気である。仏法の偉大さと信心のすばらしさを、自信満々と語り抜いていくことだ。

日蓮大聖人《にちれんだいしょうにん》は、「法華経を耳にふれぬれば是《これ》を種《たね》として必ず仏になるなり」（御書五五二ページ）、「力《ちから》あらば一文一句なりともかた《談》らせ給《たま》うべし」（御書一三六一ページ）と仰《おお》せであられる。

自分の確信と体験を、伸び伸びと語ればいい。相手が聞いても聞かなくても、生命に幸福と希望の種《たね》を植えることになる。その種は、いつか必ず根を張り、芽を出し、花を咲かせる時が来るのだ。

一人の人を折伏するということは、どれほど大変なことか。妙法《みょうほう》は「難信難《なんしんなん》解《げ》」とある通りである。だからこそ、これ以上に尊い、偉大な行動はない。

私も、なかなか、できなくて苦労した。でも、同志と「今、一人の人が入会せずとも、幾《いく》百千万の人々が、我らを待っている」と励まし合いながら、悠々《ゆうゆう》と対話を進めてきた。

折伏は、できても、できなくても朗らかにやりなさい。皆に最高の希望と勇気を送る対話なのだから。

そもそも、人を救おうとして悩むこと自体、すごいことではないか。

それ自体、地涌《じゆ》の菩薩《ぼさつ》の悩みであり、仏の悩みである。御本尊《ごほんぞん》を持《たも》たせることは、その人の家に日蓮大聖人を御案内することにも等しい。

戸田城聖《じょうせい》先生は、「折伏に方法などない。ただひたぶるに、御本尊を拝《おが》む以外にない」と言われていた。

折伏は「相手を幸せにしたい」との祈りから始めることだ。その真心が伝わらないわけがない。心を打つのは心だ。心を動かすのも心だ。

真実を真心込めて語るからこそ、「信用」が残る。青年の一番の宝は「信用」だ。

折伏すればするほど、生命の基底を仏界《ぶっかい》で固め、強くしていける。自他共《じたとも》に、永遠に崩れない生命の宝が積み上がるのだ。

創価の光

若さとは
何ものにも屈《くっ》せざる力《ちから》だ。
雨が降ろうが　風が吹こうが
晴れ渡る青空を目指して
伸びゆく力《ちから》だ。
若さとは
何ものも恐れぬ魂だ。
いかなる壁にも怯《ひる》まず
雄々《おお》しく突き破り
乗り越える大闘争心だ。

「勝利の人間学」とともに、「創価新報」に連載された「創価の光 ——池田名誉会長が若き友に贈る」の箴言も随所に紹介する。

祈って戦った者が勝つ！

まず祈ることだ。真剣に祈ることから始めるのだ。なぜ祈るのか。自分を最も強くし、自身の力《ちから》を最大に出すためである。

日蓮大聖人《にちれんだいしょうにん》は、「法華経の剣《つるぎ》は信心のけなげ《勇》なる人こそ用《もち》いる事なれ鬼《おに》に・かな《鉄》ぼう《棒》たるべし」（御書一二二四ページ）と仰《おお》せである。

手を抜いて楽をしようという油断や、自分の小手先で何とかなると思う慢心を排《はい》し、自らの壁を破って、一心不乱に戦う。「広宣流布《こうせんるふ》のために必ず勝つ」という誓願《せいがん》の祈りほど、強いものはないのだ。

祈る青年には、後退はない。祈れば、勝利への前進が始まる。

最後は、祈って戦った者が勝つ！

18

祈りと功徳《くどく》のあらわれ方について、「顕祈顕応《けんきけんのう》」「顕祈冥応《みょうおう》」「冥祈《みょうき》冥応」「冥祈顕応」と説かれる（御書一二四二ページ、趣意）。

直《ただ》ちに祈りが叶《かな》う場合もあれば、はっきり見えない場合もあるだろう。現状がどうであれ、疑うことなく題目を唱え抜いていくことだ。真剣に祈り抜き、祈りきることだ。

たとえ叶《かな》わないように見えても、最後には、自身にとって、一番いい方向にいく。「頑張り抜いてよかった！」と、自らが叫べる大歓喜の人生を築くことができる。これが妙法《みょうほう》の偉大なる力《ちから》である。

弓矢だって、的《まと》を定めなければ当たらない。祈りも同じである。目標を明確にして、懸命に努力する――その延長上に祈りは叶《かな》う。

ただ拝《おが》んで、目先の幸運を欲《ほっ》するという浅い次元の信仰ではない。祈って努力し、努力して祈る――その時に、諸天善神《しょてんぜんじん》は動くのだ。

戸田先生は語られた。

「一丈《いちじょう》の堀《ほり》を越えられないものが、二丈、三丈の堀を越えられるわけがない。一つ一つ、やりきっていくんだよ」と。

目標を忘れた時に空転《くうてん》は始まる。

今日の目標を具体的に祈るのだ。

そして、青年らしく、思う存分、ベストを尽くして行動するのだ!

学会は永遠に御書根本

「行学《ぎょうがく》の二道《にどう》をはげみ候《そうろう》べし」（御書一三六一ジー）である。大切なのは、学び続けることだ。学んだ通りに実践することだ。

たとえ、学んだことを忘れてしまっても、必ず何かが残る。命が忘れない。それが、いざという時、信心の底力になるのだ。

根本の一書《いっしょ》を持つ人間は強い。

一切《いっさい》の勝利の源泉は御書にある。だから青年部は、今のうちに、しっかり御書を学んでもらいたい。

それが一生の幸福の土台となり、常勝《じょうしょう》の力《ちから》となる。

一行《いちぎょう》でも、一節《いっせつ》でもいい。日々の生活と広布《こうふ》の戦いの中で、御書を拝《はい》していくことだ。

御書を「わかろう、わかりたい」と、一生懸命、努力することだ。

真剣であれば、毛穴からでも入っていく。

戸田先生は、「一行《いちぎょう》一行、御書を拝《はい》しながら、『その通りです。まったく、その通りです』と深く拝読していくんだ」と言われていた。

頭でわかるのと、信心でわかるのとは違う。

自らの身に当ててみて、「ああ、このことだったのか」と、わかる時が必ず来るのだ。

御書を講義する際は、師匠の名代《みょうだい》として、誠実に、堂々と臨《のぞ》んでもらいたい。私も、常に、戸田先生の名代という決意でやってきた。

御書には、何ものも恐れぬ師子王《ししおう》の心と、人々を救わずにはおかないという仏の大慈悲が脈打っている。

御本仏《ごほんぶつ》が直接、私たちを励ましてくださっているのだ。御書は励ましに満ちている。その励ましに、生命が感応《かんのう》しないはずがない。

御書からいただいた感動、勇気を、率直に語ることだ。話のうまい下手《へた》は関係ない。「断じて、この御書で友を励ますのだ」という一念《いちねん》で決まる。

学会がここまで発展したのは、なぜか。

それは、深い哲理に基《もと》づいた、力強い「励まし」があったからだ。これからも皆で、学んでは語り、語っては、また学ぶのだ。

創価の光

人と比較する必要はない。
あくまでも　自分らしく
粘り強く進めばよい。
途中の姿で
一喜《いっき》一憂《いちゆう》することはない。
最後に勝てばよいのである。

広布《こうふ》前進の大目標

創価学会が目指す根本の目的は何か。

それは、全人類の幸福と平和である。自他共《じたとも》に生きていること自体が愉快《ゆかい》で、楽しいという境涯《きょうがい》を開いていくことだ。

これが広宣流布《こうせんるふ》であり、我らの大目的だ。

戸田先生は、「この世から悲惨《ひさん》の二字をなくしたい」と叫ばれた。

「広宣流布のため」という最も偉大な目標に向かって進めば、その人自身が偉大になる。大きな目標が、大きな希望となる。

生き生きと大願《だいがん》に生きよう！

仕事で、地域で、学会活動で、張りきって戦おう！

広布のために、友のために、自分自身のために！

自分たちの時代に、広宣流布をどれだけ前進させていけるか。

そのことを真剣に祈り、挑戦していくのだ。

戸田先生は、こう指導してくださった。

「創価学会は、地球上で最も尊厳な生命を守り、どれだけの人に妙法《みょうほう》を受持せしめ、幸せにしたかということを数えるのである」

「数」は単なる数字ではない。かけがえのない「一人の生命」なのだ。そこに「一人の人生の幸福」が凝縮《ぎょうしゅく》されているのである。

だからこそ、目標を掲げ、どこまでも「一人」を大切にして、一人また一人と仏縁《ぶつえん》を結んでいく。その「一人」から平和と幸福の大連帯を広げゆくのだ。

仏法は勝負である。人生も勝負である。

ゆえに、戦うことである。そして勝つことである。

何かで一番を目指すのだ。初めから二番でも三番でもいいと思えば、本当の力《ちから》は出ない。

たとえ今は振るわなくても、断じて、一番になろう！——そう決めて努力する心に無量《むりょう》の功徳《くどく》が具《そな》わっていく。崇高《すうこう》な人生になる。

「自分は一番を目指して、一生懸命に戦いきった」という不滅の歴史を残しなさい。その人が真の勝利者であるからだ。

団結は勝利の力《ちから》

団結は力《ちから》である。勝つために団結するのだ。

どうすれば、皆が団結できるのか。まず、リーダー自らが「一人立つ」ことだ。誰かではない。自分が毅然《きぜん》と立ち上がることである。

戸田先生は、「青年よ、一人立て！　二人は必ず立たん、三人はまた続くであろう」と叫ばれた。これが、勝利の方程式である。

口先で「団結、団結」と言うだけで、心が一つになるわけではない。リーダーが真剣に祈り、同志を心から讃《たた》えることだ。

同志を尊敬し、自分はなんとすばらしい友と一緒に戦えるのかと感謝できるようになればこそ、勝利への歓喜の団結が生まれる。

28

団結といっても、決して、一つの型に窮屈《きゅうくつ》にはめるものではない。「異体同心《いたいどうしん》なれば万事《ばんじ》を成《じょう》じ同体異心《どうたいいしん》なれば諸事叶《しょじかな》う事なし」（御書一四六三㌻）である。「同体《どうたい》」ではなくして「異体《いたい》」と仰《おお》せのように、一人ひとりの個性を尊重し合いながら、皆で仲良く助け合い、支え合って、それぞれの持ち味を最大限に生かしていくことだ。

「同心《どうしん》」の「心」とは、「信心」である。

戸田先生は、「この心が強ければ強いほど青年は敗れることはない」と言われた。青年学会は、永遠に「異体同心《いたいどうしん》」で勝ち進もう！

心を合わせた祈りから出発だ。私は、どんな戦いも、広宣流布《こうせんるふ》のため、師匠のために断じて勝つと決めて、祈った。共に戦う同志に題目を送り続けた。皆で題目三唱する時も、呼吸を合わせ真剣に臨《のぞ》んだ。

「1＋《プラス》1＝《イコール》2」という〝足し算〟ではなく、合わせた力《ちから》が「10」にも「100」にもなる。この希望の〝掛け算〟が、信心の団結の妙《みょう》である。信頼と励ましのチームワークから、勢いがグングンと増していくのだ。

組織にはいろんな人がいる。皆、尊い使命の人だ。皆、大切な仏である。自分の感情で決めつけるのではなく、まず御本尊《ごほんぞん》に祈り、一人ひとりを大きな心で包容しながら、前進するのだ。

団結は勝利の力

創価の光

人生の勝利も
すべて勇気から始まる。
一歩踏み出す勇気
挫《くじ》けぬ勇気
自分に負けない勇気……
勇気こそが壁を破る。

人材を育てたところが勝つ

「学会は人材をもって城となすのだ」とは、恩師・戸田先生の師子吼《ししく》である。

すべて「人」で決まる。「人材」で決まる。

本物の「人材」がいれば、そこから勝利は広げられる。

「人がいない」と嘆《なげ》く必要はない。

まず、自分が人材になればいい。

一人立てば、二人、三人と続く。これが「地涌《じゆ》の義《ぎ》」である。

「わが地域に必ず人材はいる」と決めて祈り、自ら成長していけば、人が見えてくる。人材を見つけ、会って語り、真心から成長を祈り、広宣流布《こうせんるふ》の大舞台で、どんどん育てていこう。人を育てる人が、真の人材である。

後輩を大事にするのだ。同志を大切にしていくことである。私は青年部の友を、「水魚《すいぎょ》の思《おもい》を成《な》して」(御書一三三七ジペー)との御聖訓《ごせいくん》のままに大事にしてきた。皆、学会を担《にな》う方々だもの、成長する姿が嬉《うれ》しくて仕方がなかった。良いところをほめて伸ばしていく。注意すべき時は、上手《じょうず》に指導する。威張《いば》って叱《しか》ってはいけない。真心の励ましが一番強い。

「後輩を自分以上の人材にしていこう!」という祈りと責任感が、学会の伝統だ。広宣流布のために、この一人を人材に——その一念《いちねん》は必ず通ずる。

「一緒に！」――これが、人材育成の合言葉である。

一緒に祈る。一緒に学ぶ。一緒に語る。一緒に歩く。

時には食事をしたり、お茶を飲んだり、そうやって楽しく前進していくことも大切であろう。

日蓮大聖人《にちれんだいしょうにん》は、「喜《き》とは自他共《じたとも》に喜ぶ事なり」（御書七六一ページ）と仰《おお》せだ。友の成長を喜び、讃《たた》え合う中にこそ、最高の歓喜と充実がある。

後輩を育てる心が団結を生む。

さあ、同志と一緒に勝利の一歩を！

座談会は拡大の推進軸

座談会は、創価の前進の生命線である。

私が戸田先生にお会いできたのも、座談会のおかげである。

広布《こうふ》発展の原動力は、一にも二にも、互いの顔が見える小単位の集《つど》いである。

心と心を通《かよ》わせる対話である。

この一対一の絆《きずな》を強固にしたから、学会は勝利してきた。

戸田先生は座談会を大切にされた。参加者が少なくても、逆に「じっくりと話ができる」と真剣であられた。嬉《うれ》しそうでもあった。

地道な活動ほど強いものはない。

座談会から出発し、次の座談会を目指して挑戦する。

その粘り強い繰り返しが、学会伝統の「勝利のリズム」である。

戸田先生は、「座談会で広宣流布《こうせんるふ》はできる」と断言なされた。

青年が一人いるだけで、座談会は変わる。

駆けつけてくるだけで、空気が一変する。

いわんや、青年が主体となった、にぎやかな座談会ほど、明るく楽しいものはない。広宣流布は、唸《うな》りをあげて進む。

私も青年部時代から、皆が「本当に来てよかった」と思える会合にするために、参加者の顔を思い浮かべて祈り、準備して臨《のぞ》んだ。

青年部の振る舞いから、会合革命は起こる。

学会の新しい前進も、そこから始まるのだ。

座談会には人生勝利の哲学がある。他者の人生に学ぶ触発がある。最も民衆に根ざした人間学の学校だ。勇んで求めてもらいたい。

御聖訓《ごせいくん》にも、「志《こころざし》有《あ》らん諸人《しょにん》は一処《いっしょ》に聚集《じゅしゅう》して御聴聞《ごちょうもん》有《あ》るべきか」（御書九七〇ジペー）と仰《おお》せではないか。

皆で体験を語り合い、教学を学び合う。

これが一番正しい仏道修行の実践である。

座談会では「声を惜《お》しまず」語ろう。

青年の声ほど、偉大な力《ちから》はない。

青年が話せば、周りを元気にすることができる。声を出せば、自分も元気になる。皆に希望と勇気と活力を送る集《つど》いを、一回一回、青年の力《ちから》で勝ち取っていただきたい。

創価の光

戦いが厳しいほど
自分の秘められた可能性の
扉は大きく開かれる。
冬の鍛えがあればこそ
躍動の春の喜びは深い。
困難に打ち勝った歓喜は
無量無辺《むりょうむへん》である。

女子部は全員が幸福に

女子部は、全員が幸福になってもらいたい。

これは、戸田先生と私の、師弟一体の祈りであり、願いである。

日蓮大聖人《にちれんだいしょうにん》は、「法華経を信ずる人は・さいわいを万里《ばんり》の外《そと》よりあつむべし」（御書一四九二ジペー）と仰《おお》せである。若くして妙法《みょうほう》を受持した乙女《おとめ》が、絶対に幸せにならないわけがない。

現実は厳しい。人生は長い。

だからこそ、哲学が大事だ。信心が大事だ。

青春時代の今この時に、教学という確固たる生命の羅針盤《らしんばん》を持つならば、正しい人生の軌道を歩み、真の幸福を必ずつかんで、勝利の花を咲かせることができるのである。

39

信頼できる人、頼れる人、何でも相談できる人——そういう人を持とう。そして、自分もそういう人になると決意するのだ。

戸田先生は、「一人でもよい、心から話せる友、また、いざという時に信心を教えてもらえる人をつくりなさい」と言われた。

青春は、悩みとの戦いだ。

しかし、悩みがあるから成長できる。偉大な人間になれる。

貴女《あなた》の生命の中には、妙法という最高の宝がある。

だから、何も恐れることはない。誰が見ていなくとも御本尊《ごほんぞん》がわかってくださっている。そして、仏天《ぶってん》がいつも見守っている。

大丈夫！　安心して頑張りなさい！

学会の未来は女子部で決まる。

一人の立派な女子部の存在は、十人、百人に匹敵《ひってき》する力《ちから》を発揮していく。

女子部が明るく伸びれば、学会も勝ち栄えていくのだ。

同世代の女性のスクラムを広げよう！

にぎやかで、朗らかで、楽しい雰囲気《ふんいき》のところに、人は集まってくる。

自分らしく、華陽《かよう》の生命を光らせながら、「これだけはやりきった」「信心の体験を積んだ」との歴史を創《つく》ってもらいたい。

男女学生部よ　使命の青春を舞え

戸田先生と私の師弟でつくった学生部である。

恩師は、その誕生を、それはそれは喜ばれた。庶民の嘆《なげ》きをわが嘆きとし、権力の魔性《ましょう》と真っ向から戦った恩師だからこそ、真の知勇兼備《ちゆうけんび》の指導者を待ち望んでおられたのである。

御聖訓《ごせいくん》には、世界広宣流布《こうせんるふ》は「普賢菩薩《ふげんぼさつ》の威神《いじん》の力《ちから》に依《よ》る」（御書七八〇ページ）と仰《おお》せである。普《あまね》く賢《かしこ》い英知の青年が先頭に躍《おど》り出て、人材の流れを広げてこそ、広宣流布はできる。

そのうえで、いくら頭が良くても、苦労知らずの意気地《いくじ》なしでは、民衆を護《まも》れない。誇り高い使命の労苦の中で、知性と人格を磨き抜いて、新時代を開くリーダーに成長してほしい。

42

人を幸福にするための学問である。

民衆に貢献するための学問である。

父母《ちちはは》に親孝行するための学問である。

未来を勝ち開きゆくための学問である。

学びゆく人は、断じて負けない。

私も、恩師・戸田先生にお仕えする激闘の中で、学ぶことを絶対にやめなかった。世界の指導者と語り、文明を結んできた対談集も、「戸田大学」で学び抜いた勝利の証《あかし》である。

妙法《みょうほう》は、一切《いっさい》を生かしきっていける智慧《ちえ》の源泉である。

若くして「信心即《そく》勉学」「仏法即社会」の正道を進む君たちは、最高に充実した向学と錬磨の青春を送ってもらいたい。

太陽のごとき情熱。月光《げっこう》のごとき知性。

師子王《ししおう》のごとき勇気。竹林《ちくりん》のごとき連帯——。

わが男女学生部こそ、輝く希望である。

平和と正義と勝利の道を開く人である。

「信用できるのは、青年である。

期待できるのは、青年しかない」

これが戸田先生の信念であった。学生部には、自分が思っている以上の使命がある。皆、必ず偉くなると信じ、励ましてくださった。

私も君たちを信ずるゆえに申し上げたい。

大胆たれ！　勇敢たれ！　不屈《ふくつ》たれ！

愛する君たちに、創価と広布《こうふ》の未来を託す。万事、頼むと。

創価の光

可能なことは
誰にでもできる。
不可能に
青年が挑《いど》みゆくからこそ
壁を破れるのだ。
これが
人類の創造の歴史である。

破《は》邪《じゃ》顕《けん》正《せい》こそ学会精神

日蓮《にちれん》仏法の魂は、「立正安国《りっしょうあんこく》」である。

大聖人《だいしょうにん》は、人間を不幸にし、民衆を苦しめる魔性《ましょう》と真っ向から戦い抜かれた。

邪義《じゃぎ》を破ってこそ、正義を打ち立てることができる。この御本仏《ごほんぶつ》に直結する「破邪顕正《はじゃけんせい》」の大精神を、青年は燃え上がらせることだ。

「正しさ」は「強さ」である。その「強さ」を、勇気凜々《りんりん》と響かせていかねばならない。

戸田先生は「強気でいけ」とよく言われた。

悩める友には優しく、邪悪な人間には強く、どこまでも折伏《しゃくぶく》精神で戦うのだ。

その正義の前進に、功徳《くどく》は必ずついてくる。

46

破邪顕正《はじゃけんせい》は「声」の戦いである。

声が真剣であればこそ、魔《ま》を断ち切れる。

声が清新《せいしん》であればこそ、心を一新《いっしん》していける。

わが信念を率直に勇敢に訴えきるのだ。

真実の声こそが、皆の心の起爆剤《きばくざい》だ。

それが青年の特権ではないか。

「彼等《かれら》は野干《やかん》（＝狐《きつね》の類《たぐい》）のほう《吼》るなり日蓮が一門《いちもん》は師子《しし》の吼《ほう》るなり」（御書一一九〇ページ）である。師と同じ心で叫ぶ。この師弟不二の叫びが「師子吼《ししく》」なのである。

戸田先生は、青年に言われた。

「ひとたび戸田の弟子となったならば、いかなる邪論《じゃろん》、暴論《ぼうろん》にも屈《くっ》してはならぬ。断じて破折《はしゃく》し、打ち破っていくのだ」と。

この仰《おお》せの通りに、戦い勝ったことが、私の青春の誉《ほま》れである。

末法《まっぽう》は「闘諍言訟《とうじょうごんしょう》」――すなわち言論の暴力が渦巻く時代であり、正と邪が転《てん》倒《とう》する世界である。ゆえに、正義の陣列が弱くなれば、民衆は嘆《なげ》き、社会が乱れてしまうだけだ。

青年は、正邪を鋭く見破る力《ちから》をつけるのだ。

正しい人を陥《おとしい》れ、善なる民衆の和合《わごう》を攪乱《かくらん》せんとする卑劣な中傷には、痛烈に反論するのだ。臆病《おくびょう》ではいけない。

青年が先頭に立って、正義の対話、人間対人間の信頼の絆《きずな》を大いに広げていこうではないか！

君よ一人立て！　人材城の柱となれ！

「学会は人材をもって城となすのだ」とは、恩師・戸田城聖《じょうせい》先生の不滅の叫びである。我らの城は、人材が学び鍛えて、育ち伸びゆく城である。

人材が人材をつくり、平和と文化と教育の陣列を広げゆく城である。

そして、人材が打って出て、「立正安国《りっしょうあんこく》」の使命の闘争を勝ち戦《いくさ》で飾りゆく城である。

それは、師匠と弟子が「同じ目的」に向かって、「同じ責任」を持ち、「同じ心」で戦い勝って、栄えさせゆく城なのである。

創価班、牙城会、白蓮《びゃくれん》グループをはじめ、学会の人材育成グループは、広布《こうふ》の人材城の柱である。音楽隊や鼓笛隊などで訓練を受けた人も、皆、立派に成長し、活躍している。全員が私の直系である。誇りも高く胸を張って、誠実に、真剣に、大胆に、戦いの先頭に立っていただきたい。

青年は一人立つ時、真に光る。他人任《たにんまか》せにするのでなく、自らが広布の責任を担《にな》って立ち上がり、決然と戦うのだ。

学会は、その鍛錬の場だ。今は、うんと苦労してもらいたい。苦労した分、生命が鍛えられ、磨かれる。

私も、すべてを一手《いって》に引き受けて、悩み、考え、祈った。愚痴《ぐち》を言っている暇《ひま》もなかった。

広宣流布《こうせんるふ》の組織の責任を担《にな》えることは、最も偉大な青春ではないか。永遠の歴史を残すことができる。

麗《うるわ》しい異体同心《いたいどうしん》の組織に、清《きよ》らかな信心の血脈《けつみゃく》は流れ通《かよ》うのである。

ゆえに、どこまでも、わが創価学会は「会員第一」で進む。

それしかない。

同志は互いに仏のごとく尊敬し合い、励まし合っていくのだ。

徹して「一人」を大切にする。

断じて「一人」を勇者にする。

そこから、広布の「万波《ばんぱ》」を広げる――ここに、真実の人間主義の団体である学会の誉《ほま》れ高き使命と栄光がある。

大確信のリーダーたれ

リーダーは、妙法《みょうほう》への大確信に立つのだ。「祈りとして叶《かな》わざるなし」の御本《ごほん》尊《ぞん》である。

長《ちょう》として、まず自らが祈りきっていこう！　戦いきっていこう！

そして、同志のため、広宣流布《こうせんるふ》のため、断じて勝ちきっていこう！

御聖訓《ごせいくん》に、「此《こ》の御本尊も只《ただ》信心の二字にをさまれり」（御書一二四四ページ）と仰《おお》せである。自身の燃え立つような「信力《しんりき》」「行力《ぎょうりき》」によって、御本尊の広大無辺《こうだいむへん》の「仏力《ぶつりき》」「法力《ほうりき》」を、限りなく引き出していくのだ。

一切《いっさい》は「信心」の二字で決まる。ゆえに、日々、信心を強めていけば、いかなる魔《ま》も打ち破り、多くの同志を厳然と守っていくことができる。

リーダーとは、「勇敢に戦う人」の異名《いみょう》である。

その人には、強力な〝精神の電流〟が走り、光っている。

磁石のような一念《いちねん》の力《ちから》で人々を引きつけ、奮《ふる》い立たせることができる。

心を一つに結び合わせることができる。

策や方法ではない。真剣に責任を担《にな》い立っていく信心があれば、無限の智慧《ちえ》が湧《わ》くのだ。

広宣流布の役職をいただき、多くの人の中に飛び込んで苦労していくことは、三世《さんぜ》永遠に大指導者として活躍できるということである。これが、仏法の因果《いんが》の理法《りほう》である。

創価学会は、永遠に「指導主義」である。

指導とは、役職の高みに立って、人を導くことではない。〝御本尊を拝《おが》もうではないか〟と、御本尊を指し示していくことである。

悩みの相談を受けたら、親身《しんみ》になって話を聞く。わからないことがあれば、わかる人の所へ一緒に行くことも、大事な指導である。

戸田先生は言われた。「指導である以上、相手に納得のいくように、リードしていかなくてはならぬ」と。

人は納得すれば、自ら進んで行動する。命令主義や組織主義では、行き詰《づ》まる。一人が心から納得し、立ち上がれば、新しい波動を広げられる。

青年部のリーダーには、それぞれの使命の天地で、勇気と誠実と勝利の名指揮をお願いしたい。

創価の光

嵐のごとき険難《けんなん》の道を
君よ！　乗り越え勝ち越え
わが人生の
花に飾られた喜びの道に
変えゆくのだ。
悠然《ゆうぜん》と
汝自身《なんじ》の誉《ほま》れ高き歴史を
築きゆくのだ。

平和とは勝ち取るものだ

平和は、遠くにあるのではない。それは、わが足元《あしもと》から生まれる。一人の友と友情を結ぶところから始まる。

戦争の犠牲になってきたのは、常に青年である。ゆえに、青年が断固と平和への戦いを起こすのだ。若き平和の連帯を広げるのだ。

残酷《ざんこく》な戦争がない、そして誰もが、この世に生まれて良かったと思える社会、幸福を満喫できる世界を、青年の力《ちから》で作ってもらいたい。

平和とは、戦い、勝ち取るものだ。平和の究極は広宣流布《こうせんるふ》である。

御書には、「一切衆生《いっさいしゅじょう》には皆、仏性《ぶっしょう》がある」（一三八二ページ、趣意）と説かれる。皆が尊極《そんごく》の仏の生命をもっている。互いが互いを尊重していくことが、最も正しい平和への道なのである。だからこそ、この「生命尊厳」の大仏法を、青年が青年に語るのだ。

戦時中、軍部政府と戦った初代会長の牧口常三郎《つねさぶろう》先生は、獄死なされた。生きて獄を出られた戸田先生は師の仇《あだ》を討《う》つと決めて、戦後の焼け野原に一人立ち、平和への大闘争を開始された。

私は、この師の心を継《つ》ぎ、権力の魔性《ましょう》と戦い抜いた。世界に友情の橋を架け、人類を結ぶ平和と文化と教育の連帯を広げてきた。

徹して一人を大切にし、人間を不幸に陥《おとしい》れる魔性《ましょう》とは断固として戦い抜く――

これが、平和を誓った創価の師弟の魂である。

57

平和とは勝ち取るものだ

日蓮大聖人《にちれんだいしょうにん》は、戦乱や人々の苦悩が打ち続く乱世《らんせい》の本質を「民衆の力《ちから》が弱まっている」（御書一五九五ジペー、趣意）と喝破《かっぱ》なされた。

戦争をなくすためには、民衆が強く、賢《かしこ》くなる以外にない。そして世界の民衆が、心と心をがっちりと結び合わせていくことだ。

ゆえに青年よ、よき友と仲良く強くあれ！

正しき哲学とともに鋭く賢《かしこ》くあれ！

目の前の課題に勇敢に取り組みながら、題目を唱え抜いて、自身の「人間革命」に粘り強く挑戦しよう！

自分と友の幸福のため、社会と国土《こくど》の繁栄のため、地球全体の平和のため、祈り、学び、語り、動き、戦い、勝ち進んでいくのだ。

新たな拡大の歴史を築け

青春も人生も戦いである。いかなる戦いに臨《のぞ》んでも、大事なことは先手を打つことだ。「先《さき》んずれば人を制す」である。

手を打つべき時に打たないことを、後手《ごて》という。後手《ごて》は敗北だ。先手必勝である。

たとえ小さなことでも、決して手を抜かない。何かあれば、すぐに的確な手を打つ。

友のため、勝利のため、鋭敏《えいびん》に、真剣に、一つ一つ手を打つことが、幾重《いくえ》にも喜びを広げていく。

リーダーの「情熱」「励まし」「スピード」から、広宣流布《こうせんるふ》の前進の勢いは増していく。

戸田先生に私は、いかなる戦いも「心配ありません。必ずやります！　必ず勝ちます！」と申し上げ、その通り、すべてに勝ってきた。

戦いは、「必ず勝つ」と決めた方が勝つ。

「断じて勝つ」と、わが一念《いちねん》を定めることだ。そう決めて祈れば、勇気と智慧《ちえ》が湧《わ》いてくる。明るく生き生きと、生命が光ってくる。

日蓮大聖人《にちれんだいしょうにん》は、「なにの兵法よりも法華経の兵法をもちひ給《たま》うべし」（御書一一九二ジー）と仰《おお》せである。

何があっても、題目を朗々と唱え、勇敢に、粘り強く、へこたれずに前進していくことだ。

いい気になって、油断すれば、失敗する。最後は、まじめに執念をもって戦いきった方が勝つのだ。これが鉄則である。

人は、誰でも「未踏《みとう》の原野《げんや》」をもっている。

青年らしく、勇んで行動に打って出れば、その分だけ新たな開拓ができる。

何も歴史を残さず、過ぎ去ってしまう青春ほど、はかないものはない。

広宣流布のために、一歩、踏み出すのだ。

今、戦うことが、君たちの新時代を開く。

青年ならば、誇り高く「この勝利を私は切り開いた！」と言える歴史を、断固として創《つく》るのだ。

創価の青年に破れぬ壁はない。

朗らかに、勝って、勝って、勝ちまくろう！

創価の光

君自身が
確信ある人生を歩むならば
胸が張り裂けるような
辛《つら》くして切《せつ》なき
苦労があっても
燦々《さんさん》たる太陽が
君を明るく照らす。

継続は力《ちから》　わが信念を貫《つらぬ》け

友情は、人生の宝である。

友情ほど、美しいものはない。

友情の心は、仏法の人間主義と一致する。

自分から心を開いて明るくあいさつをし、誠実に接していくことだ。自らの聡明な振る舞いで、友情を深め、信頼を広げることができる。

真に人の心をつかみ、人の心を打つものは、「誠実」の二字しかない。礼儀正しく、言葉は明快に、そして約束は必ず守る。ささいなことが勝利につながる。

善友《ぜんゆう》との絆《きずな》を大切に！

戸田先生は「相手が苦難の時こそ、友情の手を差し伸べよ」と言われた。誇り高く信義を貫《つらぬ》いていくのだ。

一日、一人でもよい。誰かと会う。三年続けたら、千人を超える。一日一日、持続する。一つ一つ、努力を積み重ねる。まことに「継続は力《ちから》なり」だ。努力は必ず、成長の糧《かて》になる。

ましてや、広宣流布《こうせんるふ》のため、陰《かげ》で尽くした労苦は、全部、自分のためになる。無駄がない。「陰徳《いんとく》」は必ず「陽報《ようほう》」と光り輝いていくのだ。

日蓮大聖人《にちれんだいしょうにん》は、「水のごとくと申《もう》すは・いつも・たい《退》せず信ずるなり」（御書一五四四ページ）と仰《おお》せである。

自ら決めた使命の道を、着実に、粘り強く進む。真っすぐに、歩み通す。その人が、最後は必ず勝利する。

人材育成の要諦《ようてい》は「励まし」である。

人は、励ましがなければ、なかなか前に踏み出せない。一人ひとりを真心から励まし、皆の心を軽くして、明るく楽しく前進するのだ。

「人材とは、特別な人間ではない。要は、その磨き方にある」とは、恩師・戸田先生の指導である。

辛《つら》い時、苦しい時こそ、支えていくのだ。

「ここまで自分を知ってくれているのか」との思いが力《ちから》となる。麗《うるわ》しい連帯を築いていく。

御聖訓《ごせいくん》には、「一《いち》は万が母」（御書四九八ページ）と仰《おお》せである。

目の前の一人を、全精魂《ぜんせいこん》込めて激励することは、万人の力《ちから》を引き出すことに通ずるのだ。

仏法は振る舞いの中に

新しい風を起こそう！　まず自分が勢いよく動くのだ。自分は「こう動いた」「こう挑戦した」という姿を示す。青年の率先垂範《そっせんすいはん》が、皆の心を軽くし、勇気の息吹を送る。

とともに、リーダーは、サーチライトで照らすように、陰《かげ》で地道に尽くしている尊い学会員を見つけ、ねぎらい、讃《たた》えていくのだ。一番戦ってくださっている人を、一番大切にする。励ましの手を打つ。そこに、何十倍もの喜びが湧《わ》く。

会場を提供してくださっているご家族に対しても、心から感謝し、礼儀正しく、常識豊かに使わせていただくことだ。

御聖訓《ごせいくん》には、「教主釈尊《きょうしゅしゃくそん》の出世《しゅっせ》の本懐《ほんかい》は人の振舞《ふるまい》にて候《そうらい》けるぞ」（御書一一七四ジペー）と仰《おお》せである。誠実にして聡明な行動の中に、仏法者の真価は光る。

「おはようございます！」「ありがとうございます！」——青年の元気で気持ちのよいあいさつほど、清々《すがすが》しいものはない。

戸田先生は、〝青年に大切なものは、名誉でも地位でも財産でもない。信用である。その信用を勝ち取る第一歩も、爽《さわ》やかなあいさつである〟と教えられた。

私も若き日、職場で明るくあいさつすることを心がけた。その声から仕事に勢いが生まれた。

同じアパートに住んでいる方や近隣の方にも、積極的にあいさつしていった。

生き生きと、はつらつとしたあいさつの響きこそ、地域に、社会に、信頼と友情の輪を広げゆく力《ちから》なのである。

あの「大阪の戦い」も、「山口開拓指導」も、私とともに戦って、勝利の金字《きんじ》塔《とう》を打ち立ててくれたのは、入会間《ま》もないメンバーであった。

今、各地で新入会の友や躍動する新たな人材が陸続と誕生している。本当に嬉《うれ》しい。私に代わって、大切に育てていただきたい。

時代は混迷を深めている。「新しい人材」を育て、「新しい力《ちから》」すなわち「ニューパワー」を糾合《きゅうごう》したところが勝つ。青年は一人ももれなく、尊い使命の大舞台で、新たな黄金の勝利塔を堂々と打ち立ててもらいたい。

創価の光

さあ　君よ！
自らを建設するのだ。
自らを革命するのだ。
そして
不滅の完璧《かんぺき》な
勝利の自身の城を築くのだ。

創価とともに栄光の人生を

人間の生命には、いかなる苦難にも断じて屈《くっ》しない力《ちから》、断固と乗り越える底力がある。

その無限の可能性を開くカギは、どこにあるのか。

「日蓮《にちれん》に共《ぐ》する時は宝処《ほうしょ》に至《いた》る可《べ》し」（御書七三四ジペー）――これが御本仏《ごほんぶつ》の絶対のお約束である。この仰《おお》せの通りに一切《いっさい》を勝ち越えてきたのが、わが創価学会である。

大聖人《だいしょうにん》直結の学会とともに進めば、何があっても勝っていける。どんな宿命も転換しながら、広宣流布《こうせんるふ》の大願《だいがん》を成就《じょうじゅ》していくのだ。

善友《ぜんゆう》に近づけば仏になる。よき同志を持つことは、何ものにも代え難《がた》い喜びである。〝あの人は誠実だ〟〝あの人といると元気になる〟――そういう先輩、同志とつながっていく。そして自らも、周囲の人に勇気と希望を送る〝善《よ》き友〟に成長していくのだ。

同志とは「志《こころざし》」を「同じくする」人である。学会は、互いに地涌《じゆ》の菩薩《ぼさつ》として「志」を「同じくする」究極の同志の集まりである。

妙法流布《みょうほうるふ》のため、立正安国《りっしょうあんこく》のため、苦楽を分かち合い、仲良く励まし合いながら、生き抜いていく――この正しき生命の軌道を前進しゆく異体同心《いたいどうしん》の組織にこそ、仏法の血脈《けつみゃく》は流れ通《かよ》うことを忘れまい。

学会の役職は尊い「責任職」である。一人ひとりの同志を大切にし、一つ一つの広布《こうふ》の活動を勝ち取るために心を砕いていくことだ。

深き責任感は、深き祈りとなる。責任者は、題目の師子吼《ししく》で魔《ま》を打ち破り、わが友を護《まも》り抜くことだ。

広布の前進が勢いを増していく時こそ、強盛《ごうじょう》な祈りと細心の注意で、絶対無事故の指揮を執《と》るのだ。「祈り」と「行動」が合致するところに、勝利の突破口は開かれる。

「戸田の命よりも大切」と叫ばれた学会の組織を、後継の諸君が厳護《げんご》し、さらに勝ち栄えさせていただきたい。

さあ、妙法とともに、学会とともに、同志とともに、栄光勝利の青春を勝ち飾っていこう！

皆が元気に！ 一歩前進の会合に

創価学会の会合は、広宣流布《こうせんるふ》を推進する仏の会座《えざ》であり、地涌《じゆ》の菩薩《ぼさつ》の集《つど》いである。

恩師・戸田先生は、どんな小さな会合も、いいかげんにしなかった。常に真剣だった。

「この会合に集《つど》った人から、すべて始まるのである。この会合から勝っていくのである」と、全身全霊を注がれた。

「来てよかった！」と参加者が喜べるように、中心者は真剣に祈り、万全の準備で臨《のぞ》むのだ。「さあ、戦おう！」と、皆が奮《ふる》い立つように、満々たる生命力で励ますのだ。

それが、一歩前進の力《ちから》になる。

新しい時代を開く勢いとなる。

人前で話すのが苦手という人もいるだろう。でも、無理をして、言葉巧《たく》みに、うまく話そうとする必要はない。

御書には、「言《ことば》と云《い》うは心の思いを響かして声を顕《あらわ》す」（五六三ジペー）と仰《おお》せである。大事なことは、相手に伝えたい「心の思い」を、誠心誠意、言葉に託し、声に響かせていくことだ。

気取りなどいらない。ありのままでいい。自分らしく誠実に、広布《こうふ》への大情熱を語る。飾らず率直に、自らの体験を語るのだ。

そして皆の心を軽くし、勇気を送るのだ。

「それなら、自分にもできる」と思えれば、一人ひとりが自信を持って力《ちから》を発揮できる。

創立の父・牧口常三郎《つねさぶろう》先生以来、学会は「皆が納得できる」対話で、団結を築いてきた。

押しつけや無理強いでは、人は動かない。

「そうだ！　その通《じ》りだ！」という心の共鳴から、自発の行動が生まれる。

リーダーは、皆がすっきりと戦えるよう、「わかりやすく」「明確に」、かつ「具体的に」対話を進めていただきたい。

そのためには、題目を唱えて「以信代慧《いしんだいえ》（信を以《も》って慧に代《か》う）」の智慧《ちえ》を出すことだ。皆の英知を引き出し、結集していくことだ。

自発能動の連帯を、どれだけつくれるか――ここで決まる。広布の勝利の要諦《ようてい》がある。

創価の光

君の忍耐　君の堪忍《かんにん》
君の決意　君の戦闘！
それが　君の特権である。
その君に　天より地より
そしてまた未来より
素敵《すてき》な　勝利の贈り物という
歴史が往来することは
間違いない。

今こそ人材の流れを創《つく》れ

人材とは、見つけて、育てるものである。励まして、伸ばすものである。皆、尊い地涌《じゆ》の菩薩《ぼさつ》である。その人の長所を見つけ、ほめていくのだ。その人の持ち味を、広宣流布《こうせんるふ》のために生かしてもらうのだ。

リーダーは、自分の小さな尺度《しゃくど》で人を評価してはならない。まして、好き嫌いなどの感情に左右されてはならない。自分と気の合う人間だけを大事にしていたら、本当に力《ちから》ある人材は育たないからだ。

牧口常三郎《つねさぶろう》先生は、人材を育てることは「砂の中から金《きん》を探すようなもの」と言われていた。

学会は、戦いの中で黄金の人材の流れを創《つく》ってきた。実戦こそ、最高の人材の育成だ。

副役職の友は、「異体同心《いたいどうしん》」の要《かなめ》である。

大事なのは、「何をなすべきか」との使命を明確にすることだ。副役職の友が具体的に責任を果たし、元気いっぱいに活躍してくれれば、組織はいくらでも伸びていく。

後輩が正役職に就《つ》く場合もあろう。その時は、後輩である中心者を、大きな深い「信心」の心でしっかりと支えていただきたい。

正と副が心を合わせて、「広宣流布の力《ちから》を与えてください」と御本尊《ごほんぞん》に祈っていくのだ。尊敬し合い、協力し合えば、勝利の歯車は力強く回転する。喜びも功《く》徳《どく》も広がる。

日蓮大聖人《にちれんだいしょうにん》は、青年・南条時光《なんじょうときみつ》に「人がものを教えるというのは、車が重かったとしても油を塗《ぬ》ることによって回り、船を水に浮かべて行きやすくするように教えるのである」（御書一五七四ジペー、通解）と語られた。

リーダーは、この人には今、どう励まし、何をしてあげれば希望と勇気をもって前進できるのかと考え、手を打っていくのだ。

一方的に指導しても、価値を生まない。耳を傾《かたむ》け、一緒に祈り、心を開き、心をつかむ。

皆が最大に力《ちから》を出しきっていけるように、誇りと大確信をもって朗らかに進めるように、心を砕いていくのが仏法の指導者である。

執念で勝ちまくれ

朝が勝負である。昇りゆく旭日《きょくじつ》の勢いで、今日をスタートするのだ。勤行《ごんぎょう》・唱題は、生命を蘇《よみがえ》らせる暁鐘《ぎょうしょう》である。忙しくなるほど、戦いが厳しくなるほど、朝に勝つのだ。朝の勝利から、青春の勝利の歴史を創《つく》ろう！

あの大阪の戦いも、朝の祈りから出発した。だから、不可能を可能にできた。永遠に輝く「勝利の金字塔《きんじとう》」を打ち立てることができた。

戦えば、三障四魔《さんしょうしま》も競い起こる。毎日が真剣勝負である。断じて負けてはならない。ゆえに、強盛《ごうじょう》に祈るのだ。

「法華経の兵法」で、敵をも味方に変えていくのだ。

いかなる戦いも「勢い」で決まる。その勢いを加速していく力《ちから》が、リーダーの一念《いちねん》だ。

第一に「勝利への執念の勢い」があるか。

「断じて勝つ」という不屈《ふくつ》の執念をみなぎらせるのだ。

第二に「破邪顕正《はじゃけんせい》の正義の勢い」があるか。

邪悪を許さぬ正義の炎を、わが生命に赤々と燃やすのだ。

第三に「師子奮迅《ししふんじん》の師弟の勢い」があるか。

師弟が心を合わせ、師子吼《ししく》を轟《とどろ》かせて前進するのだ。

第四に「常勝破竹《じょうしょうはちく》の団結の勢い」があるか。

異体同心《いたいどうしん》の団結で、創価の底力を満天下に示しゆくのだ。

あらゆるものは変化、変化の連続である。

その変化を、善の方向へ、幸福の方向へと変えていくのが私たちの信心である。

ゆえに、人は必ず善《よ》く変わることができる。

環境もまた、必ず善《よ》く変えることができる。

法華経には〝仏が国土《こくど》を三度変《へん》じて浄土《じょうど》とした〟と説かれる。広宣流布《こうせんるふ》とは、この娑婆《しゃば》世界を仏国土《ぶっこくど》に変えていく「三変土田《さんぺんどでん》の大闘争」である。ゆえに、今おかれた環境を嘆《なげ》いてはならない。いよいよ闘志を燃やすのだ。

仏国土《ぶっこくど》を開く儀式は、二度、三度と繰り返されて成就《じょうじゅ》した。

祈りに祈り、粘り強く挑戦を重ねてこそ、わが地域の「三変土田《さんぺんどでん》」は成し遂げられることを忘れまい。

創価の光

人と自分を比べるのでなく
「今日の自分」から
「明日《あした》の自分」へ
強く　朗らかに
前進しきっていくことである。
その戦いの中で
尊き使命の花が　そして
幸福の花が咲いていくものだ。

はずむ心で打って出よう！

さあ、新しい年が開幕した。新たな自分自身の人間革命へ、はずむ心で打って出よう！　若人《わこうど》の熱と力《ちから》で新時代を築くのだ。広宣流布《こうせんるふ》のために共に戦おう！

民衆の中へ。人と人との出会いの中へ——このたゆまぬ行動が仏法である。心と心を結んでこそ、社会は平和と幸福の方向に向かう。

そのために、日頃から新しい出会いを心がけていくことだ。どんどん人と会っていく。「会う」ことが自分の殻《から》を破る、人間革命の挑戦だ。人間は人間の中で磨かれ鍛えられる。

一人の真の友人ができれば、すごいことだ。その向こうには、何人もの友がいる。誠実に一人また一人と、「善の連帯」を広げるのだ。そこに実質的な広宣流布の拡大がある。

日蓮大聖人《にちれんだいしょうにん》は、どんな人とも分け隔《へだ》てなく胸襟《きょうきん》を開かれ語られた。

これが御本仏《ごほんぶつ》のお振る舞いである。究極の人間主義である。

御聖訓《ごせいくん》には、「他人なれどもかたら《語合》ひぬれば命《いのち》にも替《かわ》るぞかし」（御書一一三二ページ）とある。

たとえ他人であっても、心を通《かよ》わせて語り合えば、お互いが、命にもかわる、かけがえのない存在になっていくのである。

私も若き日に住んでいた青葉荘《あおばそう》の皆さんとあいさつを交わし、交流を結んだ。

仏法を語り、入会された方もいる。宝の同志である。

ともあれ、青年らしく、人間らしく、垣根をつくらず、縁《えん》する人を大切にしていくのだ。

わが地域を大事にしていこう！

地域こそ広宣流布の本舞台である。

自分らしく、地域に尽くしていくことだ。地域貢献といっても、あいさつから始まる。焦《あせ》らず着実に信頼を積み上げていくことだ。

「ああ、この地域には、いい青年がいる」。そう思われるようになれば、勝ちである。創価の旗を、高く掲げるのだ。

自分自身を「人間革命」する。そして自分の地域を「広宣流布」する。これほど充実した青春はない。ここにこそ、何ものにも揺るがない幸福と勝利の基盤が築かれるのだ。

私の懐刀《ふところがたな》　創価班・牙城会

民衆の幸福のため、人類の未来のため、わが身をなげうって戦うリーダーを、どれだけ育成できるか。ここに、時代の焦点はある。

どこまでも一人ひとりを大切にする。誰が見ていなくとも、陰《かげ》の労苦を惜《お》しまない。そうした人間主義の真髄《しんずい》の実践者こそ、私が最も信頼する創価班・牙城会の勇将たちである。

尊き同志を守り、広布《こうふ》の宝城《ほうじょう》を厳護《げんご》する、その一挙手一投足《いっきょしゅいっとうそく》が、地域に社会に、安心と信頼と友情を広げる。冥《みょう》の照覧《しょうらん》は間違いない。

君たちの成長こそが、学会の希望である。世界の若人《わこうど》の先陣を切る君たちの勝利こそ、私の人生の総仕上げの勝利である。

わが生命の無限の仏の力《ちから》を開き、自分自身を強くしていくための仏道修行である。日常生活のあらゆる場が、その修行の道場である。

職場にあっては、信心しているからこそ、よりよい仕事を成し遂げていくことだ。そして、信頼される〝なくてはならない人〟になるのだ。

私は、青年の「行動」を信ずる。行動こそ、青年の証《あかし》であり、誉《ほま》れといってよい。

大切なのは、実践の中で自分自身を訓練していくことだ。岩盤に爪《つめ》を立てる思いで、壁を乗り越え、一つ一つ結果を出していく。その積み重ねの中で、人間が磨かれ、信心が鍛えられるのだ。

創価の光

君でなければ
あなたでなければ
果たせぬ尊き使命がある。
その使命に生き抜き
広宣流布《こうせんるふ》の天空に
尊厳無比なる宝塔《ほうとう》として
燦然《さんぜん》と　誇らかに
自身を輝かせゆくのだ！

「後継の道」を真っすぐに

「後継」とは、単なる継承ではない。

それは、「誓い」を受け継ぎ、「戦い」を受け継ぐことである。

私は、恩師・戸田城聖《じょうせい》先生の誓いと戦いを、すべて受け継《つ》ぎ、一人立ち上がった。

どんな広宣流布《こうせんるふ》の闘争でも、常に先陣を切った。大変なところや、皆が避《さ》けるところに、勇んで飛び込んで、勝利の実証《じっしょう》を示してきた。ゆえに、何も恐れるものはない。後悔もない。

青年部の諸君は、この誇り高き後継の道を、胸を張って晴ればれと進んでいただきたい。そして、「私は勝った！　我らは勝った！」と満天下に言いきれる青春を、勇敢に走りきっていただきたいのだ。

眼前の課題に挑《いど》み、一剣《いっけん》を磨き抜くことだ。

それぞれの道で、最高峰を目指すことだ。

創価の君たちは、使命が大きいゆえに、苦労もまた大きいに違いない。しかし、「鉄《くろがね》は炎打《きたい》てば剣《つるぎ》となる」（御書九五八ジベー）と仰《おお》せである。今の持てる力《ちから》を、思いきり出しきるのだ。

その労苦の中でこそ、人間が磨かれ、信心の確信もつかんでいける。自分自身を宝剣のごとく鍛え上げることができる。

昨日の自分を超えよ。一歩前進するのだ。今日突破できなければ、明日また戦えばよい。波瀾万丈《はらんばんじょう》の激戦の中で、歯を食いしばって、勝利と栄光の土台を築き上げるのだ。

師匠の一番の喜びは、弟子が勝利の証《あかし》を打ち立ててくれることだ。「従藍而青《じゅうらんにしょう》（青は藍《あい》より出《い》でて、而《しか》も藍より青し）」である。弟子が自分以上に立派に育つことが、師の願いであり、祈りである。

戸田先生は、「大作《だいさく》は、私が言ったことは、すべて実現してきたな。冗談さえも本気になって実現してしまった」と喜んでくださった。

青春の「今」が、勝負の時である。

私は、愛する君たちの前進を見守っている。わが後継の友よ、悩みの嵐さえも、雄々《おお》しき喜びに変え、不滅の歴史を残してくれ給《たま》え！

“勝利の女王”白蓮《びゃくれん》グループ

学会の会館を訪れる同志や友人の方々を、爽《さわ》やかに出迎えてくれる。誰の目にふれなくとも誠実を尽くし、帰る方にも温かな声をかけて気遣《きづか》い、無事故を呼びかけてくれる。

白蓮《びゃくれん》の乙女《おとめ》の清々《すがすが》しい振る舞いに、皆が「来てよかった」「学会はすばらしい」と感嘆《かんたん》する。私と妻も、いつも感謝合掌《がっしょう》している。

「御義口伝《おんぎくでん》」には、「必ず仏の如《ごと》くに法華経の行者《ぎょうじゃ》を敬《うやま》う可《べ》し」（御書七八一ページ）と仰《おお》せである。

この御聖訓《ごせいくん》そのままに実践する乙女《おとめ》たちに、偉大なる妙法《みょうほう》の功徳《くどく》の花が咲き薫《かお》らないわけがない。いな、その生命こそが、最も美しく気高き「白蓮華《びゃくれんげ》」の当体《とうたい》なのである。

あの「3・16」の大儀式の折、女子部の有志が自発的に案内や清掃を行《おこな》ってくれたことが、白蓮《びゃくれん》グループの原点の歴史である。

誇り高き「自発」と「率先」の行動が、白蓮《びゃくれん》グループの魂である。

〝白蓮《びゃくれん》の心〟を体現した福智《ふくち》豊かな女性の振る舞いは、職場でも、家庭でも、地域でも、いずこにあっても、百万言を費《つい》やすより、生き生きと信仰のすばらしさを伝えられる。

今いるその場で〝白蓮《びゃくれん》精神〟を発揮して、友情と信頼を楽しく広げ、平和と幸福の笑顔のスクラムを築いていっていただきたい。

わが恩師・戸田先生は、女子部に語られた。

「地涌《じゆ》の菩薩《ぼさつ》としての使命に生ききることが、最高の青春であり、人生である」と。なかんずく、一日また一日、一生の幸福の土台を創《つく》っているのが、白蓮《びゃくれん》グループの皆さんである。

御書には、「浄《きよ》き事・蓮華《れんげ》にまさるべきや」（一一〇九ジペー）と記されている。泥沼《どろぬま》の中でも汚《けが》れることなく、凜然《りんぜん》と咲く白蓮《びゃくれん》の花のごとく、末法《まっぽう》の濁世《じょくせ》にあって、強く清《きよ》らかな心で、人々に尽くす乙女《おとめ》たちこそ希望の光である。

貴女《あなた》の真剣な祈りが、貴女たちの明るい前進が、広宣流布《こうせんるふ》の未来を限りなく開くのだ。この青春の生命錬磨があればこそ、必ずや自他共《じたとも》に福徳《ふくとく》に満ちた人生が輝き渡ることを、深く深く確信していただきたい。

創価の光

荒波は高くなる。
無限に高くなる。
この波浪《はろう》を乗り越え
勝ちゆけば
私は　誰にも認められなくとも
自分で自分を讃《たた》えゆく
人生の大英雄と輝くのだ。

人間革命の劇を綴《つづ》れ

青春は、悩みとの連続闘争だ。

前進しているからこそ、悩みがある。

悩みがあるからこそ、成長できる。

「御義口伝《おんぎくでん》」には、「煩悩《ぼんのう》の薪《たきぎ》を焼いて菩提《ぼだい》の慧火《えか》現前《げんぜん》するなり」（御書七一〇ジペー）と説かれる。すなわち、悩みを消し去るのではない。むしろ、悩みをエネルギーとして、「人間革命」の智慧《ちえ》の炎を明々《あかあか》と燃え上がらせていくのだ。その一切《いっさい》の原動力が、題目なのである。

妙法《みょうほう》は「生き抜く力《ちから》」であり、「幸福になる源泉」である。「何があっても勝っていける力」である。ゆえに、御本尊《ごほんぞん》に祈りきり、希望をもって勇敢に立ち向かっていくのだ。

若き日、私は恩師・戸田先生の事業の苦境を打開するため、朝から夜中まで阿《あ》修羅《しゅら》のごとく働いた。疲れ果ててアパートに戻り、靴も脱《ぬ》げずに、そのまま倒れ込んでしまったこともあった。

しかし、戦い続けたからこそ、道が開けた。今の自分がある。健康にもなった。日蓮大聖人《にちれんだいしょうにん》は、「賢者《けんじゃ》はよろこび愚者《ぐしゃ》は退《しりぞ》く」（御書一〇九一ジペー）と仰《おお》せである。大目的に向かって喜び勇んで戦う青年の命は、光っている。忙しいかもしれない。苦労も絶えないだろう。だが、どんな悪戦苦闘の姿であろうとも、その魂は誇り高く輝いていくのだ。そこに、真の青春の勝利がある。

我らは広宣流布《こうせんるふ》のため、この世に出現した尊い地涌《じゆ》の菩薩《ぼさつ》である。現実の悪世《あくせ》の中で、生命尊厳の仏法を弘《ひろ》め、人々の幸福と平和に尽くすという、最も偉大な使命をもっている。

使命とは「命」を「使う」と書く。大切な若き命を何に使うか。妙法を唱え、人のため、地域のため、社会のため、わが命を使う一日一日は、大宇宙のリズムと合致して、究極の正しい生命の軌道に入っていくのである。

いかなる試練が襲いかかってきても、必ず変毒為薬《へんどくいやく》して、自分自身が人間革命できる。そして「宿命」をも「使命」に転じて、多くの人々を励まし、リードしていけるのだ。

自分らしく輝け

就職や進学、転居など、新たな環境で出発する人に、私は折にふれ、エールを送ってきた。どうか、希望に燃えて、健康第一で前進していただきたい。

変化にとまどったり、期待と異なって落胆したり、人が羨《うらや》ましく思えたりすることがあるかもしれない。しかし、若いのだから、どんな変化も、逆境も、成長の好機《チャンス》にできる。

人は人だ。自分自身が光っていけばよい。

ダイヤは、どこにあってもダイヤである。

「御義口伝《おんぎくでん》」には、「此《ここ》を去つて彼《かしこ》に行くには非《あら》ざるなり」（御書七八一ページ）と仰《おお》せである。「今いる場所」こそ「使命の舞台」である。眼前の課題に、一つ一つ粘り強く取り組んでいけば、そこから必ず開けるのだ。

若さゆえに、時には、自信をなくしたり、自分が欠点だらけに思えてしまうこともあるだろう。

しかし、戸田先生は、よく言われていた。

「自分の性格を卑下《ひげ》する必要はない。また、無理に直そうとする必要もない。信心を貫《つらぬ》いていけば、それはやがて美点に変わっていく。自信をもって、自分らしく生き抜いていきなさい」と。

自分らしく！　これが仏法の「桜梅桃李《おうばいとうり》」の法理《ほうり》である。桜は桜、梅は梅……

自らの命の限りに燃えて咲く花は、なんと美しいことか。

早く咲く人もいれば、ゆっくり咲く人もいる。

君は君らしく咲け！　遠慮などいらない。

日蓮大聖人《にちれんだいしょうにん》は、「太陽が東の空に昇ったならば、すべての星の光は跡形《あとかた》もなく消え去る」(御書一三九三㌻、通解)と仰《おお》せである。

妙法《みょうほう》を持《たも》つ青年は、一人ももれなく「幸福の太陽」だ。朗々と題目を唱え、若々しい生命の光で、周囲を明るく照らしていくのだ。

希望も喜びも、与えられるものではない。自分が創《つく》り出し、皆に広げていくものである。

苦労している父母《ちちはは》に、自分から親孝行する。悩んでいる友に、自分から励ましを送る——その率先の行動に、青春の価値創造があり、広宣流布《こうせんるふ》の前進があることを忘れまい。

創価の光

一人の屹立《きつりつ》した人間として
いかなる大難《だいなん》をも乗り越え
確固不動なる姿を
示していくことだ。
そこに
人間革命の勝利の旗が
天空高く永遠に
翻《ひるがえ》っていくからだ！

社会を変えゆく正義の対話を

日蓮大聖人《にちれんだいしょうにん》は、「立正安国論《りっしょうあんこくろん》」をお認《したた》めになられた、やむにやまれぬ御心境《ごしんきょう》を、「但偏《ただひとえ》に国の為《ため》　法の為　人の為にして身の為に之《これ》を申《もう》さず」（御書三五ジペー）と記されている。

自分だけの幸福などない。ゆえに社会の安穏《あんのん》を願い、正しい哲学を広め、民衆一人ひとりの幸福を確立していくのだ。ここに立正安国の大精神があり、我らの活動の目的がある。

わが恩師・戸田先生は、師子吼《ししく》なされた。

「民衆は、悩みに悩んでいる。学会は当然、立たなければならない」と。

苦しんでいる人を、放《ほう》っておかない。励ましの声をかけ、手を差し伸べる――この勇気の祈りと行動が、無慈悲な社会を変えるのだ。

「立正安国論」には、「屢《しばしば》談《だん》話《わ》を致《いた》さん」（御書一七ページ）と仰《おお》せである。じっくり語り合いましょうと呼びかけられ、対話が始まっている。

一対一の対話こそ、地味《じみ》なようで最も確かな平和への大道《だいどう》である。究極の正義である。

だからこそ、臆《おく》さずに対話していくのだ。

朗らかに自信満々と言いきっていくのだ。

たとえ上手《じょうず》に話せなくとも、かまわない。

自分の確信を真心込めて話していけば、相手の心に〝友情の種《たね》〟〝信頼の種〟が残る。その種は、必ず芽を出し、いつか花開く。

大事なことは、勇気であり、誠実である。そして、あきらめず語り抜いていく忍耐だ。

友から相談されて、どう答えたらよいのか、わからないこともあるだろう。

そんな時は、共に悩み、共に祈っていくのだ。話を聞くことで、友の心が軽くなる場合だってある。

「自分としては、今はこう思う」と言うだけでもいい。理詰《りづ》めでなくても、励ましの心は通ずる。また、信頼できる先輩のところに一緒に行《い》ってもいい。その人を思う慈悲があれば、智慧《ちえ》はいくらでも出てくる。

ともあれ、一人を大切に励ますことだ。そこから二人、三人、百人と、希望のスクラムは必ず広がる。これが、「地涌《じゆ》の義《ぎ》」である。

青年は信用が宝　誠実が力《ちから》

信用のある人間が、勝ちである。

青年は、何も持たなくとも、信用が財産である。

戸田先生は言われた。「信用を得る根本は、約束を守ることである。できないことは断《ことわ》る。そのかわり、いったん引き受けた約束は、何を犠牲にしても絶対に守ることだ」と。

私も恩師の教えの通り、たとえ小さなことであっても、そこに約束があれば、一つ一つ、決して、おろそかにしなかった。ゆえに、信頼が心の大地に芽生《めば》え、友情が世界中に花開き、平和の連帯が実を結んできたのだ。

「世界広布《こうふ》」といっても、人間対人間の心の結合によって進んでいくことを、忘れまい。

「相談する勇気」をもとう。一人で悩みを抱《かか》え込まず、相談することが大事な場合がある。

相談することは恥ずかしいことではない。むしろ、その「開かれた心」が強みになる。相談することで、課題が明快になる場合も少なくない。仕事も、信心も、自分一人の判断では、往々《おうおう》にして我見《がけん》になり、縁《えん》に紛動《ふんどう》されるからだ。

恩師・戸田先生は、「本当のことを話せる人、相談できる人、教えてもらう人を、一人でもいいからつくっておくことだ」と語られていた。それが何よりの支えになり、人間としての力《ちから》になる。

聞きたいことは何でも聞ける、率直に悩みや疑問を相談できる――この麗《うるわ》しく温かい家族の絆《きずな》が、学会の誉《ほま》れであり、伝統である。

勇気と忍耐と誠実に勝る人間外交はない。

勇気をもって人と会い、どこまでも誠実に粘り強く語る言葉が、相手の胸に響いていく。

法華経は、「地涌《じゆ》の菩薩《ぼさつ》」の姿を、「難問答《なんもんどう》に巧《たく》みにして　其《そ》の心に畏《おそ》るる所無く　忍辱《にんにく》の心は決定《けつじょう》し　端正《たんしょう》にして威徳《いとく》有り」（法華経四七二ジペー）と説く。

地涌《じゆ》の君たちよ！　貴女《あなた》たちよ！

わが生命には、この偉大なる「対話の力《ちから》」が具《そな》わっている。うまく話せなくても、心配ない。全部、対話の名手になるための訓練だ。

大胆に、伸び伸びと、人間外交の道を行こう！

誠実な人が必ず勝つ。それを、自ら実証《じっしょう》することが、広宣流布《こうせんるふ》なのだ。

創価の光

広宣流布《こうせんるふ》とは
仏法を基調とした
人類不滅の平和のことである。
この建設に燃え立つ人は
最も尊いのだ。
勝利の栄冠をかぶった
人間としての王者なのだ。

友を励まし共々に前進！

対話で大切なのは、「よく聞く」ことだ。

「聞くこと」は「学ぶこと」であり、それだけ世界が広がる。尊敬の心をもって、誠実に接していけば、対話は自然にはずむ。

心を通《かよ》わしていくために対話はあるのだ。

いにしえの哲人が言ったように、口が一つなのに、耳が二つあることは、話す二倍、聞くためである。

聞いてもらうだけで、悩みが晴れる場合もある。話しているうちに答えが見えてくることもある。お互いに、新たな高みへと向上していけるのが、対話の不思議な力《ちから》である。

ゆえに、「熱心に聞くこと」それ自体が、大きな「励まし」になっていくのだ。

広宣流布《こうせんるふ》に尽くす人を、仏のごとく敬《うやま》う。これが法華経の「最上第一《さいじょうだいいち》の相伝《そうでん》」である。

広布《こうふ》へ戦う人をほめれば、功徳《くどく》が広がる。

御書には、「あまりに人が自分をほめる時は、『どんなふうにでもなろう』という心が出てくるものである。これは、『ほめる言葉』から起こるのである」（一三五九ジペー、通解）と説かれる。

リーダーは、陰《かげ》で地道に努力する人を見逃《みのが》さない。たとえ小さな前進でも、鋭《えい》敏《びん》にとらえて賞讃する。希望と張り合いを送るのだ。

一人ひとりの持ち味を引き出し、生かし合う——このチームワークが、確かな波動を生む。

創価の全権大使たれ

青年の魂は勇気である。鋭敏《えいびん》さも、大胆さも、快活さも、すべて青春の特権だ。

戸田先生は、二十六歳の青年の私を、学会の初代の渉外部長に任命された。重要な人物との交渉も、「大作《だいさく》、行《い》ってこい」と託された。

私は、恩師の名代《みょうだい》として、多くの人と会い、信頼を広げた。

先生や学会を誹謗《ひぼう》・中傷する者に対しては、徹して言論で戦った。そして、堂々と、先生の正義、学会の真実を満天下に示しきった。

これが、私の誇り高き歴史である。

動いた分だけ、語った分だけ、全部、自分の力《ちから》となる。福運《ふくうん》となって、わが身を飾る。今、私が一切《いっさい》を託すのも、青年部である。「私が創価学会だ」との気概で歴史を創《つく》り、広布《こうふ》のフロンティアを開拓してもらいたい。

広宣流布《こうせんるふ》とは、味方をつくる戦いである。

御書には、「魔《ま》及《およ》び魔民《まみん》有りと雖《いえど》も皆《みな》仏法を護《まも》る」（一二四二ページ）との法華経の文《もん》が引かれている。敵をも味方に変えるのが、創価の人間外交だ。

相手が誰人《たれびと》であれ、青年は臆《おく》さず、同じ人間として、率直にぶつかっていくのだ。礼儀正しく、感じよく、飾らず、ありのままに信念を語ればよいのだ。

青年の誠実ほど、人の心を打つものはない。その姿に相手は共感し、信頼を寄せるのだ。

創価の光

誠実な対話で
一人の友をつくることだ。
その一人の先に
二人、三人、さらに十人
ひいては千万の友の笑顔の
花また華《はな》が
広がっていくのである。

青年の熱と力《ちから》が時代を開く

いつの時代をみても、常に青年の熱と力《ちから》が、時代を動かし、新しい歴史を創《つく》ってきた。

戸田先生は、戦後の荒廃の中、平和社会の建設を決意され、共に戦い、先駆となってくれる「旗持つ若人《わこうど》」を呼び出《いだ》された。

広宣流布《こうせんるふ》は、地涌《じゆ》の青年が続々と躍《おど》り出て、成し遂げていくのだ。これほど価値ある青春の晴れ舞台はない。わが使命の天地で、「自分の時代にここまでやった」という後世《こうせい》に輝く歴史を、悔いなく楽しく残してもらいたい。

不思議にも、全世界で、誓願《せいがん》の青年が立ち上がる時代が来た。

わが青年部の出番だ！

信心とは、幸福へのエンジンである。強盛《ごうじょう》な信心があれば、生命力を強くし、何があっても崩れない幸福をつかめる。断固として人生の勝利を開くことができる。子々孫々《ししそんそん》、皆を幸福に導いていける。

ゆえに、「湿《しめ》れる木より火を出《いだ》し乾《かわ》ける土より水を儲《もう》けんが如《ごと》く強盛《ごうじょう》に」（御書一一三二ページ）祈り抜くのだ。

「釈迦《しゃか》・多宝《たほう》・十方《じっぽう》の仏・来集《らいしゅう》して我《わ》が身に入《い》りかはり我《われ》を助け給《たま》へ」（御書一四五一ページ）と祈りきっていくのである。

わが生命に、仏菩薩《ぶつぼさつ》も、梵天《ぼんてん》・帝釈《たいしゃく》も「入其身《にゅうごしん》（其《そ》の身に入《い》る）」させ、仏の力《ちから》、仏の智慧《ちえ》を発揮していく。これが信心の極意《ごくい》だ。

芸術でも、学問でも、師弟は弟子の自覚で決まる。いずこにあろうと、弟子の自覚をもって、師匠の心をわが心として立ち上がる。そこに師弟不二の勇気が湧《わ》き起こってくる。

すべては弟子で決まる。新たな広宣流布の拡大の〝時〟を創《つく》るのは、弟子の戦いである。今こそ、自らの最極《さいごく》の大使命を自覚し、若き「正義の陣列」を、誇り高く広げてくれ給《たま》え！

永遠に勝ち栄えゆく、常勝不敗《じょうしょうふはい》の創価の大城《だいじょう》を、君たち、貴女《あなた》たちの熱と力《ちから》で築きゆくのだ。

師子王《ししおう》のごとく！ 大鷲《おおわし》のごとく！

「哲学なき時代」である。「信念なき世相《せそう》」である。人生いかに生きるべきか、社会はどうあるべきか、真に正しい思想とは何か——確信をもって語れる人は、どこにいるのか。

日蓮大聖人《にちれんだいしょうにん》は、「此《こ》の経文《きょうもん》（＝法華経）は一切経《いっさいきょう》に勝《すぐ》れたり地走る者《もの》の王たり師《し》子王《しおう》のごとし・空飛ぶ者の王たり鷲《わし》のごとし」（御書一三一〇ジペー）と仰《おお》せである。

この「思想界の王者」の誇りをもって、創価学会は生命尊厳の哲理の光を送ってきた。

広宣流布《こうせんるふ》は言論戦だ。わが青年部は、いかなる虚偽《きょぎ》にも邪義《じゃぎ》にも、屈《くっ》してはならない。平和と正義と幸福の対話を展開し、一人ひとりの青年の魂を打ち、呼び覚ましていくのだ。

120

我らは「勇気」また「勇気」で進もう！

日蓮大聖人は、「師子《しし》王《おう》の如《ごと》くなる心をもてる者《もの》必ず仏になるべし」（御書九五七ページ）と宣言なされている。「師子王の心」とは、何ものも恐れない最極《さいごく》の勇気である。

人生は戦いだ。だからこそ、決然と題目を唱え、「自分はこうする」と断固たる勇気の一歩を踏み出すのだ。「師子《しし》王《おう》の心」が苦悩に負けるはずがない。必ず乗り越えられる。乗り越えるたびに、大きな自分になれる。

戦いを避《さ》ければ、自分が小さくなってしまう。青年は大胆に快活に、苦しみをも楽しみに、困難をも成長の糧《かて》に転じていくのだ。

わが信念を、臆《おく》さず勇敢に叫べ！　正々堂々と語る青年の姿ほど清々《すがすが》しいものはない。粗削《あらけず》りでもいいではないか。真実は強いのだ。

「御義口伝《おんぎくでん》」には、「師とは師匠授《さず》くる所の妙法《みょうほう》　子《し》とは弟子受《う》くる所の妙法・吼《く》とは師弟共に唱《とな》うる所の音声《おんじょう》なり」（御書七四八ページ）と説かれる。

師と弟子が、共に心を合わせ、広宣流布の拡大へ、正義の声を上げていく――これが「師子吼《ししく》」の真髄《しんずい》である。「師子吼」なればこそ、創価三代の師弟はすべてに勝ってきた。

さあ、青年の晴れ舞台だ。勇気凜々《りんりん》と叫び、勝利と栄光の旗を、断固として打ち立ててくれ給《たま》え！

創価の光

女子部の時代に　一生涯の
「信心の土台」を築き上げることだ。
「人生の土台」を作り上げることだ。
それが「一生成仏」の推進力となり
永遠の「幸福勝利」の
原動力となるからだ。

走り抜け！　師《し》子《し》奮《ふん》迅《じん》の青春を

仏《ぶっ》意《い》仏《ぶっ》勅《ちょく》の我ら学会には、無敵の「信心の宝剣」がある。

いかなる戦いも、一切《いっさい》の勝利は、強き誓願《せいがん》の題目から開かれる。御本尊《ごほんぞん》に祈るほどに勇気が湧《わ》き、元気になる。

その満々たる生命力で、随縁真如《ずいえんしんにょ》の智慧《ちえ》を縦横無尽《じゅうおうむじん》に発揮し、具体的な行動に打って出るのだ。

日蓮大聖人《にちれんだいしょうにん》は、「よき師」と「よき弟子」と「よき法」の三つが合致すれば、必ず祈りを成就《じょうじゅ》し、立正安国《りっしょうあんこく》を実現できると仰《おお》せである（御書五五〇ジペー、趣意）。

師弟不二、異体同心《いたいどうしん》の祈りに勝るものはない。絶対に何ものにも負けない大勝利の人生を、一緒に生き抜いていこうではないか！

大事は小事の積み重ねである。小事を軽く見て、おろそかにする人に、大事は成し得ない。ゆえに、小事が大事なのである。

一日一日、目の前の課題に真剣勝負で挑《いど》み、一つ一つ、断固として勝っていくことだ。それが「師子奮迅《ししふんじん》」の勢いである。

御書には、「水のごとくと申《もう》すは・いつも・たい《退》せず信ずるなり」（一五四四㌻）と仰《おお》せである。たゆまぬ努力と持続こそ力《ちから》だ。「二の手」「三の手」を次々と打ち続けていくことである。

苦しい時も、我らには共戦の同志がいる。険《けわ》しい坂道であればあるほど、〝もうひと踏ん張り〟と声をかけあっていくのだ。皆で励まし合い、決勝点へ走りきっていこう！

わが師・戸田城聖《じょうせい》先生は、確信を込めて教えてくださった。

「広宣流布《こうせんるふ》のための苦労は、必ず生きてくる。何ひとつ、塵《ちり》も残さず、無駄はない」と。

思うようにいかない辛苦《しんく》の時こそ、一番、力《ちから》がつく。偉大な自分自身を建設できる。無量《むりょう》の福徳《ふくとく》と輝いていく。生命を貫《つらぬ》く「因果《いんが》の理法《りほう》」は間違いない。

真心込めて対話をしても、相手が反発する場合もあろう。しかし、それもまた深い仏縁《ぶつえん》となって、いつか花開く時が来る。

ゆえに、何があっても勇敢に誠実に、また明るく朗らかに信念を語りゆくことである。あとになれば、深い強い信頼が結ばれるのだ。

〝未来の宝〟とともに成長

みんなで、わが未来部を大きく育てよう！　恩師・戸田先生も、「子どもは未来の宝だ。未来からの使者として大事にしなさい」と言われた。

学会の将来も、世界の広宣流布《こうせんるふ》も、すべて未来部に託す以外にない。どれほど、偉大な宿縁《しゅくえん》と使命を持つ方々であるか。ゆえに、徹して一人ひとりに光を当てていくのだ。

どう励まし、伸ばしていくか。まず祈り、子どもたちの笑顔を思い浮かべて題目を送っていくことから、すべては始まる。大きな温かな心で、未来部の友を弟や妹のように、かわいがっていくことだ。

〝あの子を、この子を守っていこう！〟〝悔いのない青春を共に前進しよう！〟その一念《いちねん》は、若き生命に必ず通ずる。

私は「本物の人間をつくりたい」「正義の師子《しし》を鍛えたい」「偉大な指導者を育てたい」と祈り、未来部を育《はぐく》んできた。みんなと交わした約束は、一つ一つ果たしてきた。

本気で人を育てようと思えば、悩みも多い。

しかし、悩むからこそ、自身も成長できる。

「ここまでしてくれるのか」と言われるくらい心を砕く――その真心に応えて、人は育つ。学会精神は受け継《つ》がれる。

ともあれ、人材育成は、真剣勝負である。魂を注いで、「法華経の命を継《つ》ぐ人」（御書一一六九ジペー）を育てていこうではないか！

自分を生み育《はぐく》んでくれた親の労苦を知り、心から感謝できる人が偉い人である。「親孝行しよう」という心があるかぎり、いかなる苦難にも負けない。真っすぐに生きることができる。未来を担《にな》う子どもたちの心に、この親孝行の心を示していくことだ。

青年部の皆さんは、まず自分から親孝行に挑戦していただきたい。自分自身が立派に成長して、親を安心させ、喜んでもらう――その体験を未来部のみんなに伝えてほしい。

創価学会は、親孝行をする団体である。

創価の光

大きな目標を立て
それぞれの道で
最高峰を目指して
努力を重ねていくのだ。
その労苦の中でこそ
自らの秘められた可能性が
解《と》き放《はな》たれていくからだ。

「世界平和」貢献の人材たれ

日蓮大聖人《にちれんだいしょうにん》は、「一日の命《いのち》は三千界の財《たから》にもすぎて候《そうろう》なり」（御書九八六ジペー）と仰《おお》せである。

全宇宙で生命より尊い宝はない。ゆえに、いかなる理由があろうと、他人の命も、自分の命も、断じて傷つけてはならない。最大に尊重していかねばならない――仏法の説く「生命尊厳の哲学」を、万人が共有する時代精神として、我らは打ち立てていくのだ。

人類は、戦争と暴力の流転に、どれほど苦しんできたことか。この宿命の大転換に挑戦していくのが、現代における「立正安国《りっしょうあんこく》」の対話であり、創価の平和運動である。

世界の識者の期待も、いよいよ大きい。今こそ、わが青年部が誇り高く躍《おど》り出る時だ。

どんな高邁《こうまい》な観念論よりも、具体的な実践が大事である。

平和は、どこか遠くにあるのではない。身近な地域に根差して、「一人」の人を大切に励ましていくことから始まる。今いる場所で、心を開いて、仲良く賢《かしこ》く、人間と人間の心の絆《きずな》を結ぶことが、確実な平和の創造となる。

現代は、地球一体化の時代である。青年のスクラムで、わが地域に「人間共和」の希望のモデルを創《つく》り上げれば、そこから世界へ、千波万波《せんぱばんぱ》を起こしていくこともできるのだ。

戦争が、いかに残酷《ざんこく》に青年を犠牲にし、青春を蹂躙《じゅうりん》するか。この悲劇だけは、絶対に次の世代に味わわせてはならないと決めて、私は戸田先生の弟子として戦ってきた。

戦争の魔性《ましょう》を打ち破るためには、一人ひとりが「人間革命」をして、心に揺るぎない〝平和の砦《とりで》〟を築く以外にない。そして、青年の熱と力《ちから》を結集して、平和と文化と教育の大連帯を広げていくことだ。

人間の生命には、核兵器にも屈《くっ》しない、偉大な正義の力《ちから》が秘められている。若き生命を自他共《じたとも》に輝かせて、足元《あしもと》から友情と信頼のネットワークを拡大してもらいたい。

世界一の生命哲学で幸福勝利を

日蓮大聖人《にちれんだいしょうにん》は、「行学《ぎょうがく》たへ《絶》なば仏法はあるべからず」（御書一三六一㌻）と仰《おお》せである。「行動」と「教学」なくして、仏法はない。なかんずく青年時代に、あらゆる工夫をして「行学の二道《にどう》」に励むことが、学会の伝統だ。

御書を学べば、無量《むりょう》の智慧《ちえ》が湧《わ》き、不屈《ふくつ》の勇気がみなぎる。生命の活力が満々と蘇《よみがえ》る。

教学は、自分に勝ち、宿命に勝ち、人生に勝ち、社会で勝つための力《ちから》である。

日々、一節《いっせつ》でも、一文でもいい。御書を心肝《しんかん》に染め、実践していくことだ。

戸田先生から「よく拝《はい》しておきなさい」と言われた「種種御振舞御書《しゅじゅおふるまいごしょ》」には、竜《たつ》の口《くち》の法難《ほうなん》に際して、日蓮大聖人が放《はな》たれた烈々《れつれつ》たる師子吼《ししく》が認《したた》められている。
「なんと面白いことか、平左衛門尉《へいのさえもんのじょう》がものに狂《くる》った姿を見よ。おのおのがたは、ただ今、日本国の柱を倒そうとしているのである」（御書九一二ジペー、通解）
何ものにも負けない、この「師子王《ししおう》の心」を生命に燃え立たせて、広宣流布《こうせんるふ》に戦い進んでいくのが、創価の師弟の教学である。
真実の教学を身につければ、いざという時に紛動《ふんどう》されない。競い起こる障魔《しょうま》も、仏法の明鏡《めいきょう》に照らして、すべて明快に見破っていける。教学で生涯不退転《ふたいてん》の骨格をつくるのだ。

人間の本当の偉さは、どこにあるのか。

それは、地位でも名声でもない。いかなる思想・哲学を持《たも》ち、実践しているかどうかだ。

御聖訓《ごせいくん》には、「持《たも》たるる法だに第一ならば持つ人随《したが》つて第一なるべし」（御書四六五ジペー）とある。

万人の生命の尊厳を明かし、人類の永遠の幸福と平和の道を示した仏法こそ、最高峰の思想であり、「第一の哲学」である。そして、それを学び広めゆく青年こそ、最高峰の宝冠を頭上にいただく「第一の人」である。

時代は哲学を求めている。創価の君たちが、偉大な幸福と勝利の賢者《けんじゃ》となって、友の心に希望の哲理の光を赫々《かっかく》と送ってくれ給《たま》え！

創価の光

私たちの生命の中に
崩れざる幸福の宮殿があるのだ。
その大宮殿の扉を
自分自身の手で開きゆくのである。
そして　生きていること　それ自体が
楽しいという大境涯《だいきょうがい》を築きながら
人びとに希望の光を送り
社会に平和の波動を広げゆくのだ。

大《だい》法《ほう》弘《ぐ》通《つう》こそ永遠の学会魂

御聖訓《ごせいくん》には、「かかる者《もの》の弟子檀那《だんな》とならん人人《ひとびと》は宿縁《しゅくえん》ふかしと思うて日蓮《にちれん》と同じく法華経を弘《ひろ》むべきなり」（御書九〇三ジー）と仰《おお》せである。

我らは、共に広宣流布《こうせんるふ》に戦うことを誓い願って、今この時に生まれてきた地涌《じゆ》の菩薩《ぼさつ》である。この使命と宿縁《しゅくえん》を自覚して題目を唱えれば、わが生命から無限の力《ちから》と智慧《ちえ》が湧《わ》いてくる。

折伏《しゃくぶく》は、妙法弘通《みょうほうぐつう》の大偉業を開きゆく、最高の仏の行動である。

ゆえに、胸を張って、明るく楽しく挑戦していくことだ。

折伏とは、どこまでも一人を大切にし、誠実に希望と励ましを送る、人間として尊極《そんごく》の振る舞いである。

相手を思って一生懸命に話しても、通じない時もある。悔しい思いをすることもある。しかし、その苦労は全部、生命の宝に変わる。

日蓮仏法は「下種《げしゅ》仏法」である。

一言でも語れば、その人の生命の大地に、仏の種《たね》が植えられる。種を植えれば、必ず、いつか芽が出て、花が咲き、実る時が来る。

創価の友が、あの地この地で、何回も何回も、たゆまず種《たね》を植え続けてきたからこそ、広宣流布の大森林が世界に広がったのだ。

今、社会は深く仏法を求めている。青年の信念の対話を、勇気凜々《りんりん》と進めてもらいたい。

「変《へん》毒《どく》為《い》薬《やく》」の信心

人生の道は平坦ではない。深い悲しみの日もある。大きな苦しみの時もある。いわんや偉大な使命に挑《いど》む青年に、難《なん》は必然である。

しかし、悲しみが深ければ深いほど、苦しみが大きければ大きいほど、それを勝ち越えた時の喜びは、何ものにも勝る。

私たちには、「変毒為薬《へんどくいやく》（毒を変じて薬《くすり》と為《な》す）」の信心があるではないか。

日蓮大聖人《にちれんだいしょうにん》は、「わざ《禍》はひも転じて幸《さいわい》となるべし」（御書一一二四㌻）と仰《おお》せである。

悩んだこと、苦労したことも、全部、いい方向へ転じることができる。必ず必ず幸福の方向へ、人間革命の方向へ、成仏の方向へと、もっていけるのだ。あとになれば、わかる。仏法には、何一つ無駄はない。

試練の時こそ、境涯《きょうがい》を開き、功徳《くどく》を積むチャンスなのだ。

139

困難な時こそ、強き楽観主義で進むのだ。嘆《なげ》いていても何も変わらない。後ろを振り返っても何も進まない。まず題目だ。題目の中に一切《いっさい》が含まれている。

人生は、どこまでいっても戦いである。

ゆえに、「絶対に勝つ」と決めて祈るのだ。

信心は限りない希望であり、自信である。たとえ地獄のような苦悩の渦中《かちゅう》にあっても、今いるその場を寂光土《じゃっこうど》に変えていけるのが題目の力《ちから》である。何があっても信心で立ち上がっていくのだ。

「変毒為薬」の信心

今の苦闘は、君たち自身の生命を、金剛不壊《こんごうふえ》の城と鍛え上げる盤石《ばんじゃく》な土台となる。策や要領ではなく、すべてを御本尊《ごほんぞん》に任《まか》せ、勇敢に粘り強く戦い抜いていただきたい。

世界の同志が待ちに待っていた「広宣流布大誓堂《こうせんるふだいせいどう》」が、威風堂々《いふうどうどう》と完成した。一閻浮提《いちえんぶだい》広宣流布の未来のために、わが青年部に贈りゆく宝城《ほうじょう》である。世界の青年学会の新時代が、いよいよ始まった。

わが学会は、永遠に人材を育て、人材で勝ち、人材で平和と幸福の道を開くのだ。君たちが一切《いっさい》の主役である。それぞれの誓願《せいがん》の天地に、堂々たる「人材の城」を築いてくれ給《たま》え！

創価の光

勝利の栄冠は　時を逃《のが》さず
先《さき》んじて行動する人の
頭上にこそ輝く。
明日の勝利の因は
今　この時の
決意と行動にこそあるのだ。

かつてない新しい道を開け

広宣流布《こうせんるふ》のために戦っている人が、一番偉い人である。役職の上下ではない。一番大変な中で、一番苦労して、頑張っている人が、一番尊い人であることを、忘れまい。

御書にも、法華経にも、その人への讃嘆《さんたん》が満ちあふれているではないか。リーダーは、戦う人を大事にし、最敬礼していくのだ。その誠実な振る舞いに、信心は光る。

学歴でもなければ、肩書《かたがき》でもない。リーダーに信心があれば、広宣流布の組織は必ず栄えさせていける。自らが懸命に戦う姿を見て、皆がついてくる。

リーダーの成長こそが組織の前進となる。

ゆえにリーダーは、どこまでも率先垂範《そっせんすいはん》の行動の人であっていただきたい。

行動の中に、喜びがある。

戦いの中に、人間革命がある。

勇んで勤行《ごんぎょう》・唱題に励み、一つ一つ課題に挑《いど》んで、一歩一歩、自身を革命していくのだ。

「月月《つきづき》・日日《ひび》につより《強》給《たま》へ」（御書一一九〇㌻）との御聖訓《ごせいくん》を拝《はい》し、かつてない新しい道を、張りきって、切り開いていてもらいたい。

かつてない新しい道を開け

144

わが地域の広宣流布をどうするか、どう発展させるか——これ以上に尊い悩みはない。そこを離れては、空論《くうろん》である。観念である。

結論から言えば、祈って工夫することだ。自分が責任を持ち、皆と力《ちから》を合わせながら、執念をもって戦い続けることだ。

「自分の戦場で勝ってみせる」と決めて、題目を唱え、悩み、苦しみながらも、わが地域の広宣流布を前進させていく——その人が英雄である。その人を諸天《しょてん》は厳然と守る。

全世界で青年が生き生きと前進している。すごい時代が来た。青年部は、皆、明るく朗らかに、地域を、社会を照らしていくのだ。

若き君よ、わが地域から「希望の旭日《きょくじつ》」を、勝ち昇らせよ！

会合は信心錬磨の集《つど》い

学会の会合は、法華経の会座《えざ》に等しい集《つど》いである。広宣流布《こうせんるふ》を遂行《すいこう》しゆく、最も尊貴な異体同心《いたいどうしん》の世界である。

私たちが朝晩、読誦《どくじゅ》している方便品《ほうべんぼん》には、「言辞《ごんじ》は柔軟《にゅうなん》にして、衆《しゅ》の心を悦可《えっか》せしめ（言葉柔らかに人々の心を喜ばせる）」（法華経一〇七ジー）とある。

リーダーは、会合に参加される方々を最大の誠実で迎え、皆を真心の言葉でねぎらい、疲れを癒《い》やし、安心と喜びを送りゆくことである。共々に、勇気と希望を湧《わ》き立たせていくのだ。

それには題目である。事前に題目を唱え、満々たる生命力で臨《のぞ》んでいく。生まれ変わったような命で、元気いっぱい友を迎えるのだ。

会合は、新鮮さがポイントだ。集《つど》った人に、新しい前進の息吹を広げていくのである。そのためには――

令法久住《りょうぼうくじゅう》のために、後輩を育てよう！

広宣流布のために、波動を起こそう！

こう一念《いちねん》を定めて、祈り、打ち合わせをし、創意工夫をしていくことだ。学会精神をたぎらせながら、楽しく、賢《かしこ》く、良識豊かに、皆が勝利する方向にもっていくことだ。

皆が「今日は来てよかった！」と清々《すがすが》しく決意できる会合を開けば、その分、広宣流布の威光勢力《いこうせいりょく》は倍増する。

ゆえに、終了時間は厳守し、絶対無事故の運営をお願いしたい。

一回一回の会合から、新たな成長と団結の行進を開始しよう！

日蓮大聖人《にちれんだいしょうにん》は、「此文《このふみ》を心ざしあらん人人《ひとびと》は寄合《よりあう》て御覧《ごらん》じ料簡候《りょうけんそうらい》て心なぐさせ給《たま》へ」（御書九六一ページ）と仰《おお》せになられた。この仰せ通り、御書を根本に、学び合い、励まし合う切磋琢磨《せっさたくま》の集まりは、わが学会の会合にしかない。

私も若き日より、折々の会合や一対一の対話の場で、常に御書を拝《はい》し、語り合ってきた。同世代の友と、世界第一の生命哲理を探究し、実践することは、青春の無上の喜びである。

共に御書を開き、その一節一節《いっせついっせつ》を深く拝《はい》して、共に不撓不屈《ふとうふくつ》の勝利の進路を見出《みいだ》していくのだ。

会合は信心錬磨の集い

わが青春の新たな船出を

日蓮大聖人《にちれんだいしょうにん》に直結して、広宣流布《こうせんるふ》の誓願《せいがん》に生き抜く仏意仏勅《ぶついぶっちょく》の団体が、わが創価学会である。

「自行化他《じぎょうけた》」の題目を唱えゆく私たちには、大聖人の御生命が脈々と湧現《ゆげん》してくる。

日寛上人《にちかんしょうにん》が、「我等《われら》、妙法《みょうほう》の力用《りきゆう》に依《よ》って即蓮祖《そくれんそ》大聖人と顕《あらわ》るるなり」（当体義《とうたいぎ》抄文段《しょうもんだん》）と断言なされている通りだ。

すなわち、皆が大聖人の直弟子なのである。自他共《じたとも》に幸福になるための究極の法を持《たも》っている。一人もれなく尊貴な使命がある。

ゆえに、我らこそ、全人類の最高峰の青年なりと、胸を張ってもらいたい。

149

妙法とは、「蘇生《そせい》」つまり生命を蘇《よみがえ》らせていく本源の力《ちから》である。

したがって、妙法とともに生きる私たちは、毎日が久遠元初《くおんがんじょ》である。毎日が「いよいよ、これから」なのだ。日々向上、日々前進、日々価値創造の青春を生ききっていくのだ。

わが師・戸田城聖《じょうせい》先生は語られた。

「行き詰《づ》まりを感じたならば、大信力《だいしんりき》を奮《ふる》い起こして、自分の弱い心に挑《いど》み、それを乗り越え、境涯《きょうがい》を開いていくことだ。それが我々の月々日々の『発迹顕本《ほっしゃくけんぽん》』である」と。

たとえ、すぐに結果が出なくとも、思うようにいかないことが続いても、くじけてはいけない。我慢強く、朗らかに、今日も船出するのだ。そこに真の希望がある。充実がある。

私は、戸田先生から、すべてを教わった。

恩師が言われたことを全部、実現しよう！

師匠からお預かりした大切な大切な組織を厳然と守り抜き、断固と発展させてみせる！

これが、私の青年時代であった。

若き君たちよ、断じて強くなるのだ。偉くなるのだ。

久遠《くおん》の誓いの同志と、明るく励まし合って進め！　そして黄金の新時代を開いてくれ給《たま》え！

創価の光

わが使命の場所で断じて勝て！
嵐や雷や雪にも負けず
そこで　大樹と育ちゆけ！
そこに真実の幸福があり
生命の凱歌《がいか》の宝冠が
輝いていくからだ。

善縁《ぜんえん》の拡大を楽しく

正しい人生を歩むためには、「善《よ》き友」の存在が何より大切である。「善き友」と一緒に進むところに成長も充実もあるからだ。

それには、まず自分が相手にとって「善《よ》き友」になることである。

誠実第一に、一人の友を大切に、そして、二人、三人、十人と、新しい友情を楽しく築いていただきたい。

わが恩師・戸田先生は言われた。

「青年が青年を呼ぶのだ。そうすれば広宣流布《こうせんるふ》はできる！」と。

心を大きく開いて、人間の中へ飛び込み、未来を照らす青年の連帯を、今いるその場から創《つく》っていこう！

何でも語り合える善《よ》き友人、また何かあった時に相談できる善き先輩をつくっておくことだ。善き友人、善き先輩をもてば、必ず幸福の方向へ、平和の方向へと進んでいける。

御聖訓《ごせいくん》には、「悪知識《あくちしき》を捨てて善友《ぜんゆう》に親近《しんごん》せよ」（御書一二四四ジペー）と記されている。「知識」には、友人、知人という意味がある。

悪人に近づいてはならない。近づけてもいけない。悪い時代だから、悪知識《あくちしき》に紛動《ふんどう》されたり、利用されたりしてはならない。

信頼し合える「善友《ぜんゆう》」とともに、勝利また勝利の道を、真っすぐ朗らかに歩んでくれ給《たま》え！

年末年始は、日頃、なかなか会えない古い友人と再会するチャンスである。年賀状でも心の交流ができる。

「人間」が先である。人間として爽《さわ》やかな好感を広げていくことだ。そこから、対話がはずみ、友情が生まれ、仏縁《ぶつえん》が結ばれる。

御本尊《ごほんぞん》に「皆と仲良くできる自分、信頼される自分に成長させてください」と祈るのだ。

祈りを根本に、人間対人間の温かな交流を深め、味方を増やしていくのだ。

広宣流布は善縁《ぜんえん》を拡大する戦いである。

どこまでも賢《かしこ》く聡明に、また、どこまでも勇敢かつ大胆に、青年部は日本中、世界中で友情の劇を繰り広げていっていただきたい。

新時代の出発は座談会から！

「世界広宣流布《こうせんるふ》」の新時代が到来した。

我らは、学会伝統の座談会から船出だ！

一九五二年（昭和二十七年）、蒲田《かまた》支部の二月闘争も、座談会で戦い、座談会で勝った。そして、その勝利の推進力は青年であった。

座談会は「皆で！」「共に！」という心が大事だ。この心が広がった分、勢いを増す。

会合の成功を、一回一回、真剣に祈り、準備に当たろう。幹部率先で、どんどん会って参加を呼びかけるのだ。終了後も、来られた友をねぎらい讃《たた》え、見送っていくのだ。

会場を提供してくださるご家族には、最大の礼儀と感謝を忘れまい。

誠実な振る舞いこそ、一切《いっさい》の勝利の源泉だ。

ゆえに会合にあっても、どこまでも一人を大切にする心で、集《つど》ってくる友を迎えるのだ。

たとえ、参加者が少なくとも、落胆する必要などない。むしろ、顔が見える少人数の会座《えざ》で、一人ひとりと心を通《かよ》わせ、じっくり語り合っていけばよいのだ。

法華経には、たとえ一人のために一句を説くだけでも、その人は「如来《にょらい》（仏）の使《つかい》」として仏の仕事をしているのだと記されている。

一人を励まし、一人を立ち上がらせていく。

この草創からの執念の学会精神を、今こそ後継の青年部が継承していってもらいたい。

日蓮大聖人《にちれんだいしょうにん》は、命に及ぶ佐渡流罪《さどるざい》の只中《ただなか》で、「大願《だいがん》を立てん」（御書二三二ジペー）と厳然と仰《おお》せになられた。

創価の青年ならば、大願《だいがん》を立てて、「日本一、世界一の戦いを！」と自ら奮起《ふんき》することだ。

心の壁を破るから成長がある。大変だから祈りが深まる。その勇気が友の生命に響かないはずがない。諸天《しょてん》が動かないわけがない。

どうか、「今のわが戦いが世界の広宣流布を開いていくのだ」と確信してもらいたい。誇り高く一日一日を祈り、動き、勝つのだ。

さあ、新時代の出発だ。希望の朝の光を浴びて立ち上がれ！　君の新たな歴史を創《つく》れ！　貴女《あなた》の青春の光跡《こうせき》を残しゆけ！

さあ、新たな会合革命を

会合の雰囲気《ふんいき》をつくるのは、司会の「声」である。はつらつとした声、清々《すがすが》しい声――その響きが参加者の心を打つ。会場の空気を明るく一変させられる。

ゆえに、会合に集《つど》われた方々が、生き生きと異体同心《いたいどうしん》で勝ち戦《いくさ》に出発できるよう、真剣な祈りを込めて臨《のぞ》むのだ。

〝絶対に成功させてみせる！〟との一念《いちねん》は、必ず通ずる。私も、小樽《おたる》問答や「3・16」の式典など、勇んで司会を担《にな》い立ってきた。

信念に生きる青年の「声」に勝る力《ちから》はない。

歓喜あふれる前進の息吹を起こそう！

御書に、「常により合いて」（一五一五ジペー）、「常にかたりあわせて」《語合》（九〇〇ジペー）と仰《おお》せである。共に学び合い、語り合うことがどれほど大切か。

学会の会合は、たとえ行く前は気が進まなかったとしても、皆で集《つど》えば元気になる。前進のエンジンが点火され、生命のリズムが躍動する。一方通行ではなく、聞きたいことやわからない点を、気軽に質問し、相談できる語らいを大切にしてもらいたい。

戸田先生は、皆が聞きたいと思っている的確な質問や、深い法理を語る契機となる質問が出ると、「よく聞いてくれた。ありがとう！」と讃《たた》えられた。

求道の座談は納得をもたらす。その納得が信仰の活力となり、新たな挑戦を生んでいく。

「創価」とは価値創造である。

会合も価値的に開催していこう！　中心者が知恵《ちえ》を絞《しぼ》り、効果的に開き、皆が広布《こうふ》の拡大へ打って出ていけるようにするのだ。

仕事の形態も多様化し、全員が一度に集《つど》うことも難しい時代である。無理をして集めて、疲れさせてはいけない。

皆を守り、幸福に導くためのリーダーである。自らが、絶えず一人ひとりのもとへ足を運ぶことだ。家庭訪問、個人指導が根本である。そして率先して、仏法対話に走るのだ。

さあ今日も、張りきって友のもとへ！

創価の光

教養と品格ある女性――。
その知性と優しさの中にこそ
真の美しさが輝く。
周囲に信頼と安心を
広げることができる。

学びゆく人が勝ち抜く人

人生は、学び続けた人が勝つ。「学ぼう」「知ろう」という心があれば、常に進歩できるからだ。その人間完成の土台を、青春時代に築いてもらいたい。

恩師・戸田先生は、私に万般の学問を授けてくださりながら、ご自身も一緒に学んでおられた。「今度は、君が私に教えてくれ！　若い生命に、いろんなものを吸収しているのだから」ともおっしゃられた。

勉強は力《ちから》、努力は力である。環境や立場がどうあれ、心一つで、今いる場所を〝学びの場〟にできる。御書の拝読や良書への挑戦など、自分で決めて探求を貫《つらぬ》いていくことだ。

哲学は、人生航路の羅針盤《らしんばん》である。私たちには、妙法《みょうほう》という最高に正確な羅針盤がある。だから、いかなる嵐にも、信念と朗らかさを持って、勝利の針路を進んでいけるのだ。

学会の機関紙誌には、珠玉《しゅぎょく》の体験や希望の指針が詰まっている。毎日毎日、最新の「幸福への海図」を手にしているようなものである。地道に研鑽《けんさん》を重ねていけば、五年、十年と経《た》った時に、必ず大境涯《だいきょうがい》が開かれている。

私も、皆とともに学び、そして一切《いっさい》を愛する青年たちに語り残していく思いで筆を執《と》る日々である。世界の知性と友情を結び、対談も重ねている。師弟一体の「向学の道」「対話の道」が、ここにある。

仏道修行の根本は、「行学《ぎょうがく》の二道《にどう》」――わかりやすくいえば、「学ぶこと」そして「行動すること」である。

御書には、「法華経の法門をきくにつけて・なをなを信心をはげ《励》むを・まこと《真》の道心者《どうしんしゃ》とは申《もう》すなり」（一五〇五ページ）と仰《おお》せだ。

学び深めた感動を胸に、率直に仏法《ぶっぽう》を語り、大きく友情を広げ、友に励ましを送るのだ。

実践の中で壁にぶつかり、悩み、苦しむ。そこでまた、不屈《ふくつ》の求道心を燃え立たせる。学びながら行動し、行動しながら学ぶ――。「行学《ぎょうがく》」の持続こそ、人生勝利の根幹《こんかん》である。

166

学会歌を高らかに

歌は希望である。歌を歌えば元気になる。勢いが出る。嬉《うれ》しい時も、辛《つら》い時も、我らは学会歌を歌いながら進んでいくのだ。

歌は力《ちから》である。皆で歌えば心が一つになる。

戸田城聖《じょうせい》先生も、歌がお好きだった。私たちは、師の前で、師とともに、何度も歌を歌ってきた。そして歩調を合わせて、一切《いっさい》の戦いに勝ち、師弟の黄金の共《きょう》戦譜《せんふ》を綴《つづ》ってきた。

この響き合う師弟の魂をもって、同志に励ましを送りたいと、私も学会歌を作ってきた。

青年部の皆さんが、あの地この地で、学会歌を歌い、創価の心を受け継《つ》いでくれている。力強い師子《しし》の歌声、清々《すがすが》しい華陽《かよう》の歌声を、ますます朗らかに響かせていただきたい。

御聖訓《ごせいくん》には、「まい《舞》をも・まいぬべし」「立ってをどり《踊》ぬべし」（御書一三〇〇㌻）と仰《おお》せである。

学会歌の指揮も、この御書の仰《おお》せに則《のっと》った、地涌《じゆ》の菩薩《ぼさつ》の歓喜の舞である。決意の舞である。団結の舞である。

気取ることはない。自分らしく伸び伸びと皆を勇気づけられるように、元気に張りきって指揮を執《と》ることだ。私も、少しでも友の励ましになればと、折々に学会歌の指揮を執ってきた。

わが後継の君たちよ、躍動する若き生命で、青春の勝利の舞を、楽しく、はつらつと舞ってくれ給《たま》え！

古今東西、民衆の興隆《こうりゅう》には必ず歌があった。

あのアメリカ公民権運動も、「ウィ・シャル・オーバーカム（私たちは勝利する）」と若人《わこうど》が歌を歌って行進し、歴史を回転させた。

青年の歌声は、悩みも悲哀も、吹き飛ばしながら、社会へ希望と活力を広げゆくのだ。

学会歌を歌えば、新しい力《ちから》が湧《わ》く。新しい息吹がみなぎる。新しい人材が立ち上がる。

我ら青年学会は、学会歌を高らかに歌いながら、広宣流布《こうせんるふ》へ大行進するのだ。

世界広布《こうふ》新時代を、明るく、にぎやかに、喜びあふれる歌声で、勝ち開こう！

創価の光

いかなる艱難《かんなん》が
途上に待っていても
自己の目的に向かって
君は　あの輝く瞳で
前へ前へと進むのだ。
そして　動き戦い
人生の最高峰の栄冠を
微笑《びしょう》しながら　勝ち取るのだ。

「一対一」が学会発展の生命線

対話は、生命と生命の触発である。

こちらの生命が躍動すれば、相手の生命も躍動していく。対話に臨《のぞ》む、こちらの祈りと息吹で決まる。題目を朗々と唱え、はずむ心で元気に飛び出すのだ。

創価の父・牧口常三郎《つねさぶろう》先生も、大きい会合で話すだけでは駄目だと教えられ、ただ一人の同志のためにも遠路をいとわず、足を運ばれた。

戦時中、法難《ほうなん》に遭《あ》われたのも、伊豆の下田《しもだ》で同志を激励し、折伏《しゃくぶく》を進める只中《ただなか》であった。

広宣流布《こうせんるふ》のために、一軒一軒、歩き、会って語ることは、何よりも尊い仏道修行である。

一日に一人でも、一年では三百六十五人を励ませる。歩いた分だけ功徳《くどく》は広がる。リーダーが率先して、目標を決めて挑《いど》むのだ。

信心の歓喜は、百万言の理論に勝る。

日蓮大聖人《にちれんだいしょうにん》は、「随喜《ずいき》する声を聞いて随喜し」（御書一一九九ページ）と仰《おお》せである。経文《きょうもん》にも、法華経を聞いて歓喜した人が次々と語り伝えて、五十番目に聞いて喜ぶ人の功徳《くどく》でさえ、無量無辺《むりょうむへん》と説かれる。妙法《みょうほう》を「語る功徳」も「聞く功徳」も絶大である。


歓喜の連鎖こそ、広宣流布の実像なのだ。

さあ、後継の友よ、今日という大切な一日もまた、創価の勝利のリズムで欣喜《きんき》雀躍《じゃくやく》と、希望の連帯を拡大してくれ給《たま》え！

社会で聡明に輝く人たれ

戸田先生は、新社会人を励まされた。

「青年は、朝寝坊では負ける。朝が勝負だ。朝の生き生きとした息吹の中で、活力を沸《わ》き立たせていけ！　そこに成長がある」と。

私も、先生の会社に勤め始めて、毎朝、始業の三十分前には出勤し、職場を掃除して、元気いっぱいのあいさつで先輩たちを迎えた。

もちろん、仕事によって一律には言えない。ただ夜は工夫して、なるべく早く休み、朗々たる朝の勤行《ごんぎょう》・唱題でスタートすることだ。

朝に勝て！　そして生命力を満々とみなぎらせ、職場で光り、周囲を明るく照らしていこう。

御聖訓《ごせいくん》には、「御《おん》みやづかい《仕官》を法華経とをぼしめせ」（御書一二九五㌻）と仰《おお》せである。

信仰は観念ではない。人間が生き生きと働き、生活を豊かにし、職場を発展させていく。その営みのすべてが、仏法である。

「信心」は即《そく》「生活」であり、「仏法」は即「社会」なのである。

「信心は一人前、仕事は三人前」——皆さんの先輩方は、この心意気で仕事に挑《いど》み、歯を食いしばって、職場で実証《じっしょう》を示してきた。だからこそ、今日《こんにち》の創価学会がある。

職場は、自分自身を磨き鍛える人間修行の道場なりと決め、「三倍の努力」を心がけていただきたい。

青年が勝ち取るべき第一のものは、信用だ。

青春時代は、未完成が当然である。

見栄を張ったり、取り繕《つくろ》ったりする必要はない。

自分らしく眼前の仕事に全力で取り組む。約束をしたことは誠実に守る。失敗しても、そこから学び、また挑戦する。地道であっても、忍耐強く創意工夫を重ねていくことだ。

そうした姿に、信用は必ず築かれる。

仏法は「人の振舞《ふるまい》」である。明るいあいさつ、清々《すがすが》しい礼儀、賢《かしこ》い体調管理など、基本が大事だ。聡明にチームワークを創《つく》り広げながら、「さすが!」と言われる一流の次元へ、日々、若き黄金の生命を高めていってくれ給《たま》え。

創価の光

変わらぬ友情は
いかなる宝よりも尊い。
策や利害ではなく
友情を結び
友情を大切にする人生こそ
光り輝く人生である。

報恩こそ勝利の源泉

今の自分があるのは、誰のおかげか。その恩を知り、恩に報《むく》いようと生きることこそ、正しき生命の道である。勝利の人生の道だ。

知恩《ちおん》・報恩の根本は、「親孝行」である。御聖訓《ごせいくん》には、「先《ま》づ此《こ》の父と母との恩を報ずべし」（御書一五二七ジペー）と仰《おお》せである。戸田先生は、青年に訴えられた。

「衆生《しゅじょう》を愛さなくてはならぬ戦いである。しかるに、青年は、親をも愛さぬような者も多いのに、どうして他人を愛せようか。その無慈悲の自分を乗り越えて、仏の慈悲の境地を会得《えとく》する、人間革命の戦いである」（青年訓）

ゆえに先生は親不孝を許されなかった。難しいことではない。笑顔を見せるだけでもいい。親を喜ばせ、安心させてあげるのだ。その優しく温かな心を、友に広げ、全人類へと広げていく——この「人間革命」の振る舞いから、世界広宣流《こうせんる》布《ふ》の新時代も、大きく清々《すがすが》しく開かれゆくことを銘記されたい。

わが恩師・戸田先生は、「不知恩《ふちおん》になるな」と言われ、厳しく戒《いまし》められた。忘《ぼう》恩《おん》の人間の末路は、どんなに正当化しようが哀れである。恩師は、愛する弟子を、だれ一人も不幸な敗北者にはしたくなかったからだ。

戸田先生は、戦時中、師匠である牧口先生とご一緒に、正義なるがゆえに、軍部政府の弾圧を受け、投獄された。そのことを後に振り返り、〝牧口先生の慈悲の広大無辺《こうだいむへん》は、牢獄まで連れていってくださった〟と感謝されている。

この崇高《すうこう》なる創価の師弟の真髄《しんずい》に、私は感動し、あとに続いた。いかなる苦難にも負けず、勇敢に大法《だいほう》を弘通《ぐつう》することこそ、師恩に報《むく》いる究極である。

報恩の一念《いちねん》に徹する時、人間は最も尊く、最も強くなる。最も偉大な力《ちから》を発揮できる。

「報恩に生き抜く」という学会精神を、わが後継の諸君も厳然と受け継《つ》いでいってもらいたい。

わが地域を「幸福の楽土《らくど》」に

日蓮大聖人《にちれんだいしょうにん》は、信頼する門下《もんか》に、「其《そ》の国の仏法は貴辺《きへん》にまかせ《任》たてまつり候《そうろう》ぞ」（御書一四六七㌻）と励まされている。

「其《そ》の国」とは、どこか――それは、まず自分たちの住む地域から始まる。わが近隣こそ、御本仏《ごほんぶつ》から任《まか》された広布《こうふ》の最前線である。私も若き日から、自らのアパートをはじめ、地元の方々を大切にしてきた。顔を合わせるたびに声をかけ、心を通《かよ》わせた。

元気なあいさつ一つでも、「いい青年がいるな」「感じのいいお嬢《じょう》さんだな」と、安心してもらえるものだ。皆さんは、誠実な振る舞いで心を開き、使命の地域に「信頼と希望の絆《きずな》」を織り成していただきたい。

広宣流布《こうせんるふ》の前進のカギは「地区」にある。

一歩また一歩、活力あふれ、人材光る「地区」を築いていく——最も尊い闘争である。

わが後継の青年部も、自身の「地区」から勝利のドラマを創《つく》っていくのだ。

仕事が忙しくて、地区の活動に間に合わない時も、参加できない時もあるだろう。しかし、その場に行けなくても、報告・連絡はできる。智慧《ちえ》を使い、連携を取り合っていく。その呼吸の一致から、波動は生まれる。

力《ちから》ある人材とは、責任を持つ人のことだ。

君が、貴女《あなた》が、「わが地区の広布の主役なり。太陽なり」との自覚と誇りをもって、颯爽《さっそう》と、広布の新風を起こしてくれ給《たま》え！

創価の光

頭《こうべ》を上げよ！　胸を張れ！
馬上豊かに　威風も堂々と進みゆけ！
勇気ある信心を
燃え立つ広宣流布《こうせんるふ》の魂を
異体同心《いたいどうしん》を忘れるな！
そこにこそ
勝利と栄冠が待っているからだ。

平和と正義の若き連帯を

互いに尊敬し、成長を競い合って、健闘を讃《たた》えていくのが、我ら創価のスクラムである。妬《ねた》んだり、責め立て合ったりするような陰湿な世界は、まったく無縁《むえん》なのである。大変であればあるほど、温かな励ましの言葉を、勇気の出る言葉をかけていくのだ。

日蓮大聖人《にちれんだいしょうにん》は、「人のために火をともせば・我《わ》がまへ明《あきらか》なるがごとし」（御書一五九八ページ）と仰《おお》せである。

友を元気にすれば、自分も元気になる。皆に希望を送れば、共々に希望の明るい未来が開かれる。どこまでも仲良く朗らかに、平和と正義の青年の連帯を広げていただきたい。

青年の心の力《ちから》は無限である。その大いなる力を開き、自在に解《と》き放《はな》っていくカギが、「一念三千《いちねんさんぜん》」の法理である。

わが師・戸田城聖《じょうせい》先生は言われた。

「信心を、一言でいうならば、『心』を決めることである。同じ決めるのであれば、『勝つ！』と決めなさい」と。

断じて勝ってみせると決める。真剣に祈る。そして勇敢に行動する。やりきったことが、すべて永遠の財産となる。

「決めて」「祈って」「行動する」――この勝利のリズムで、新たな広布《こうふ》の開拓闘争を勝ちまくれ！

「新しき世紀を創《つく》るものは、青年の熱と力《ちから》である」と恩師は叫ばれた。

この師子吼《ししく》を、私は自分への呼びかけと受け止めた。

「君の熱と力《ちから》で時代を変えよ」と。

今また、新時代を創《つく》るのは青年しかない。それは青年に託された特権なのだ。

ゆえに、君たちよ！　何の遠慮もいらない。決然と挑《いど》むのだ。大胆に進むのだ。

理想も高く、情熱を燃やし、不屈《ふくつ》の魂で挑戦するのだ。

いかなる広宣流布《こうせんるふ》の戦いでも、戦うからには、「これだけやった」という自身の最高の勝利の歴史を創《つく》ろう！　君たちの勇戦《ゆうせん》で、万年に輝く「青年学会」を築いてくれ給《たま》え！

世界に広がる華陽《かよう》のスクラム

女子部は「学会の宝」である。「広布《こうふ》の門」を開く存在である。女子部員が一人いれば、周囲の皆がパッと明るくなる。希望が大きく開かれる。

女子部の皆さん方が一人も残らず、絶対に幸福になること。これが私の祈りであり、戦いである。

皆、自分を大事にしていただきたい。価値的に行動し、夜は帰宅が遅くならないよう、無事故で健康第一の前進をお願いします。

ともあれ、「聡明」であることが「幸福」の条件である。悪縁《あくえん》に振り回されることなく、賢《かしこ》く毅然《きぜん》と、尊き使命の道を歩み抜くのだ。

「御義口伝《おんぎくでん》」には、「自身の内《うち》なる妙法《みょうほう》を悟《さと》って、自身の宮殿に入るのである。南無妙法蓮華経と唱えていくことは、自身の宮殿に入っていくのである」（御書七八七ページ、通解）と仰《おお》せである。

広宣流布《こうせんるふ》に生きゆく皆さん自身の心に、永遠の「幸福の大宮殿」が晴ればれと広がっている。人と比べて落ち込む必要など、まったくない。心ない悪口を言われようと、一喜一憂《いっきいちゆう》せず、自分らしく凛《りん》として生きることだ。

「桜梅桃李《おうばいとうり》」ゆえに、人は人、自分は自分である。どこまでも信心で、わが生命を磨き、貴女《あなた》らしく輝きを放《はな》っていくことだ。

戸田先生は、女子部の友に語られた。

「鎖《くさり》の輪《わ》は、一つ一つガッチリと組み合って、切れることがない。人間も同じだ。心強き一人ひとりが、固く手を結べば、広宣流布は必ず進む。人と人との輪を作りなさい」と。

一人は気ままなようで、わびしい。境涯《きょうがい》も深まらないし、可能性も閉ざされてしまう。

人を幸福にする人が、幸福である。人を喜ばせゆく人が、喜びにつつまれる。だからこそ、伸び伸びと心を開いて、善《よ》き友人、善き同志、善き先輩にふれ、深き友情のスクラムを築いていこう！

華陽《かよう》姉妹の皆さんは、お父さん、お母さんを大切に！　友と友との仲良き人華《にんげ》の花園を、地域へ職場へ、社会へ世界へと、朗らかに咲き薫《かお》らせていっていただきたい。

創価の光

今いる場所で勝利を！
そう誓い　祈り　走り　戦い
勝つのが青年だ。
私が信頼する若き友よ！
偉大なる信力《しんりき》を奮《ふる》い起こし
永遠不滅の勝利の城を
築きゆくのだ！

先駆の使命の学生部

夕張《ゆうばり》事件、大阪事件――「三類《さんるい》の強敵《ごうてき》」が競い起こる中、恩師・戸田城聖《じょうせい》先生のもと、わが学生部は誕生した。

恩師は、「ただ嬉《うれ》しいという言葉以外にない」と喜ばれた。

正義の力《ちから》ある人間指導者よ、躍《おど》り出《い》でよ！

権力の魔性《ましょう》と戦う矢面《やおもて》にあって、私は北海天地から祈りを込めてメッセージを送った。

日蓮大聖人《にちれんだいしょうにん》は、「智者《ちしゃ》とは世間《せけん》の法より外《ほか》に仏法を行《おこな》ず、世間の治世《ちせい》の法を能《よ》く能く心へて候《そうろう》を智者とは申《もう》すなり」（御書一四六六㌻）と仰《おお》せである。

男女学生部の皆さんは、どこまでも民衆を守り抜き、社会に勝利の旗を打ち立てる英知と勇気のリーダーに成長していただきたい。

苦労即《そく》鍛錬である。悩みを恐れず、労苦をいとわず、黄金の青春の劇を創造するのだ。その中でこそ、心も頭も体も鍛え上げられる。すべてが自分のかけがえのない財産となる。

挑戦即《そく》勝利である。あえて高い目標に挑《いど》むのだ。自らの無限の可能性を開拓するのだ。

祈って、動いて、戦い抜いて、失敗してもなお、あきらめずに挑戦し続けた人が、必ず人生の勝利者となる。

私も働きながら夜学で学んだ。師匠の事業を支える悪戦苦闘の渦中《かちゅう》も、研鑽《けんさん》を止《や》めなかった。大変だったからこそ、今の私がある。

「鉄《くろがね》は炎打《きたい》てば剣《つるぎ》となる」（御書九五八ジペー）との御聖訓《ごせいくん》を、若き宝剣の皆さんに贈りたい。

牧口常三郎《つねさぶろう》先生は、軍部政府の弾圧によって投獄された独房で「青年時代からあこがれて居《い》た本が読めるので、却《かえ》つて幸《さいわ》ひである」（獄中書簡）と、悠然と学ばれていた。逝去の八カ月前、七十二歳のお手紙である。

学ぶことは、人間の最高の権利である。

人は学び続ける限り、行き詰《づ》まらない。幸福勝利の軌道を向上していける。

ゆえに君よ、貴女《あなた》よ、今日も学びゆけ！

我ら創価の人間革命の運動は、百年先、二百年先の人類が進む「平和の大道《だいどう》」を開いているのである。その偉大な大目的に向かって、「先駆」の誇りに燃え、学び勝ちゆけ！

師《し》子《し》の誉《ほま》れ　男子部よ勝て

信心は格好ではない。「戦う心」で決まる。

男子がひとたび立つならば、「戦う心」を燃やして、「これだけ道を開いた」「これだけ拡大した」という歴史を創《つく》るのだ。

誰が見ていなくとも、誰がほめなくとも、誇り高く、わが使命の劇を演じていくのだ。

私たちの一念《いちねん》と行動は、御本仏《ごほんぶつ》がすべて御覧《ごらん》になってくださっている。全宇宙の諸天《しょてん》・諸仏《しょぶつ》が見守っている。この「冥《みょう》の照覧《しょうらん》」を大確信して戦うのだ。見栄や気取りなど、いらない。勇敢に大胆に、眼前の壁を突破せよ！

日蓮大聖人《にちれんだいしょうにん》は、父親から信心を猛反対されていた池上《いけがみ》兄弟に、「いよいよ・をづる心ねすがた・をはすべからず」(御書一〇八四ジベー)と、仰《おお》せになられた。広宣流布《こうせんるふ》のために進めば、必ず三障四魔《さんしょうしま》が競い起こる。その時こそ、成長できる。「人間革命」「宿命転換」のチャンスである。

臆病《おくびょう》の心に負けてはならない。怯《ひる》んでしまえば、そこに魔《ま》は増長《ぞうちょう》して付け込んでくる。

「師子王《ししおう》の心」を取り出《いだ》して、恐れなく迎え打てば、魔《ま》は退散《たいさん》するのだ。すべての苦難は、偉大な指導者になるための試練である。

御書には、「未来の果を知らんと欲《ほっ》せば其《そ》の現在の因を見よ」（二三一㌻）との経文《きょうもん》が記されている。

「未来」を決するのは、「今」である。

ゆえに今こそ、新たな人材を、一人また一人と、励まし、育てるのだ。その地道にして忍耐強い労作業を続ける以外に、学会の永遠の発展も、広宣流布の万代の伸展もない。

一人の「本物の人材」がいれば、全体が栄える。

要領では、人は育たない。わが身をなげうつ真剣勝負の「魂」と「魂」の触発で、「本物の人材」は育つのだ。その中で、自分もまた、「本物の人材」に成長していけるのだ。

さあ、わが信ずる男子部の諸君！　君たちの満々たるエネルギーで、日本そして世界の未来を開く金剛《こんごう》の青年城を築いてくれ給《たま》え！

創価の光

若き君たちよ！
青春とは太陽の異名《いみょう》である。
その無限の可能性に
光り輝く太陽を抱《いだ》きながら
今日一日を
すべてに勝ちゆく
日々であっていただきたい！

未来部を励まし育《はぐく》もう

さあ、宝の未来部を育てよう！

わが未来部の一人ひとりが「学会の未来」であり、「世界の希望」であり、「人類の明日《あした》」である。未来部を育てる以上の聖業《せいぎょう》はない。

とりわけ、青年部の皆さんが、よき兄、よき姉、よき友として、元気で誠実に、温かく接してくれることが、いかに重要か。

「仏になるみちは善知識《ぜんちしき》にはすぎず」（御書一四六八ジペー）である。「善知識」すなわち「よき友」の存在が、若き生命を強く正しく育《はぐく》む。

何でも話を聞いてくれる、親身《しんみ》に相談にのってくれる、一緒に真剣に祈ってくれる――その真心の励ましこそ、未来部の成長の力《ちから》だ。

まず「一人」を育てることから始まる。

少子化の時代だからこそ、ますます一人が大事になる。また、丁寧《ていねい》に心を配って、長い目で見守り、伸ばしていくことができる。

御聖訓《ごせいくん》には、「一人を手本として一切衆生平等《いっさいしゅじょうびょうどう》」（御書五六四ジペー）と仰《おお》せである。

一人の信心が、家族や眷属《けんぞく》など、周囲の皆の成仏の道を広々と開いていくのだ。

一つの太陽が昇れば、一切《いっさい》が明るくなる。

未来部の太陽が昇れば、一家も、地域も、世界までも、希望の光で照らしていける。

恩師・戸田城聖《じょうせい》先生は「後生畏《こうせいおそ》るべし」という『論語』の言葉がお好きだった。そして、私たちに「君たちは『後生』だから、先生である私より偉くなれ！弟子が偉くなることこそが、師匠の勝利なのである」と励ましてくださった。「青年畏《おそ》るべし」「未来部畏るべし」である。

あとに続く人を自分以上の人材にしていく。自分が先輩から激励してもらった以上に、後輩を大切に激励していく――この最も尊い魂の触発が、学会の人材育成の伝統である。

今、どれだけ新しい人材を見つけ、新しい人材を育てるかで、広布《こうふ》の未来は決まる。今が勝負の時である。青年部の皆さんは、私に代わって、未来部を励ましていただきたい。

一人から平和の大潮流を

絶対に平和であらねばならない。戦争だけはしない、させないということを、人類の共通の理念にしていくべきである。

ラテン語の格言には、「平和を願うならば、戦争の準備をせよ」とあった。しかし、断じてそうではない。「平和を願うならば、平和の準備をせよ」である。「平和の準備」とは何か。それは、平和を願う民衆の声を結集していくことだ。なかんずく、青年の大情熱の声こそが力《ちから》だ。

日蓮大聖人《にちれんだいしょうにん》は、「輪宝《りんぽう》とは我等《われら》が吐《は》く所の言語音声《ごんごおんじょう》なり」（御書七三二㌻）と仰《おお》せである。

「声」こそ「輪宝《りんぽう》（車輪をかたどった宝器）」である。この「非暴力の武器」「文化の武器」を使って、我らは二十一世紀を「平和の世紀」「生命尊厳の世紀」としていくのだ。

平和を壊《こわ》すのも人間、平和を創《つく》るのも人間である。解決のカギは、すべて人間にある。

ゆえに、我らは人間の「内《うち》なる悪」と戦い、仏という極善《ごくぜん》の生命を開発する道を選ぶ。この人間革命の道が即《そく》、平和の道であるからだ。

平和は遠い彼方《かなた》にあるものではない。

自分が今いる場所で、友と会い、誠実に対話を重ねる。どこまでも、一人を大切にする。そこから、平和の大潮流は生まれるのだ。

特に、聡明な女性たちによる〝草の根の語らい〟こそ、その最も確かな原動力である。

「すべての衆生《しゅじょう》が受ける、それぞれ異なる苦しみは、ことごとく日蓮一人の苦しみである」（御書七五八ページ、通解）と、御本仏《ごほんぶつ》は仰《おお》せになられた。なんという大慈大悲《だいじだいひ》であろうか。仏法とは、究極の「慈悲」の法である。御本尊《ごほんぞん》に祈り、勇気をもって広宣流布《こうせんるふ》に励む中で、人を深く思いやる境涯《きょうがい》を開くことができる。

人の不幸の上に、自分の幸福を築かない。自他共《じたとも》に喜びあふれる青春を進みゆくのだ。

生命尊厳の哲理を持《たも》つ青年よ、悩める友へ、苦しむ友へ、励ましと希望の光を送ろう！　君たちの友情で、平和の地球《ほし》を輝かせるのだ。

創価の光

自分自身の鍛えがなければ
絶対に勝てない。
信仰は本来
偉大なる仏の智慧《ちえ》を具《そな》えた
わが生命の宝蔵《ほうぞう》を
開くためにあるのだ。
無限無量《むりょう》の可能性を引き出す力《ちから》が
仏法であり　信心である。

新入会の友よ　朗らかに！

新入会の皆さんは、不思議にも、今この時に躍《おど》り出てきた地涌《じゆ》の菩薩《ぼさつ》である。どれほど深遠な宿縁《しゅくえん》と、偉大な使命を帯びた方々か。

六十数年前、私も新入会の一青年であった。とまどうこともあった。家族の反対もあった。しかし、戸田城聖《じょうせい》先生の「青年らしく勉強し、実践してごらん」との言葉を信じて、勤行《ごんぎょう》も、教学も、折伏《しゃくぶく》も、一つ一つ先輩に教えてもらいながら挑戦していった。ともかく「焦《あせ》らないで」「粘り強く」進もう。すぐに祈りが叶《かな》う場合もあれば、すぐには叶わない場合もある。しかし「冥益《みょうやく》」といって、時が経《た》てば経つほど、すべて良い方向に進んできたことが、必ず実感できるものだ。

ゆえに、御書の通り、何があっても題目を忘れず、学会とともに前進していただきたい。自分自身が勝利者となり、一家眷属《けんぞく》も幸福に栄えさせていくための信心である。皆さんが、「信心してよかった」と思えるよう、私も毎日、祈っている。

御書に、「たすくる者強《ものつよ》ければたうれず」（一四六八ジペー）と仰《おお》せの通り、信心を続けていくうえで大切なのは、同志とのつながりである。わからないことがあれば、何でも率直に、周囲の同志や先輩に聞いていただきたい。

また、忙しくて、なかなか会合に出られない時や、思うように題目があげられない時こそ、気後《きおく》れしたり、遠慮したりしないで、同志と連絡を取り合っていくことである。

少しでもつながっていこう！　その心をもって、同志という善縁《ぜんえん》にふれていく中で、生命力が増す。ここに、何ものにも負けずに、成長と向上の青春を謳歌《おうか》しゆく道がある。

新入会の友のニューパワーで、広宣流布《こうせんるふ》、すなわち世界の平和と人類の幸福へ、朗らかにニューウエーブを起こしてくれ給《たま》え！

教学は最高の勝利の武器

御書の一文字、一文字には、日蓮大聖人《にちれんだいしょうにん》の民衆救済への大情熱がみなぎり、正義の師子吼《ししく》が刻まれている。御書を繙《ひもと》けば、わが胸中に、仏の大生命が脈打ち、仏の声が轟《とどろ》き渡る。

毎日、一行《いちぎょう》でもよいから、拝読していこう。

「日興遺誡置文《にっこうゆいかいおきぶみ》」には、「大聖人の門下《もんか》は御書を心肝《しんかん》に染めて」（御書一六一八ジペー、通解）と仰《おお》せである。

人間の心は、縁《えん》にふれて揺れ動くものだ。だからこそ、御書を「心の師」（御書一〇八八ジペー）と定めて、最高無上の正道を進むのだ。

日蓮仏法は、世界一の生命哲学である。この仏法を根本に生きれば、世界一の生命の哲人、幸福の博士に必ずなっていける。

教学は、最高の勝利の武器である。

戸田先生は『御書全集』の「発刊の辞」で、その研鑽《けんさん》の姿勢を剣豪の修行に譬《たと》えて、「厳格なる鍛錬は、学会の伝統・名誉ある特徴」と断言された。

「青年の世紀」は「教学の世紀」である。

日興上人《しょうにん》は、「位《くらい》の低い者であっても、自分より智慧《ちえ》がすぐれている人であれば、師匠と仰《あお》いで仏法を学ぶべきである」（御書一六一八ジペー、通解）と遺誡《ゆいかい》なされている。役職や経験によらず、求道の心で仏法を教え合い、学び合う若人《わこうど》の姿ほど、美しく気高いものはない。

どうか、教学試験では、受ける側も、教える側も、〝共に主役なり〟との自覚で切磋琢磨《せっさたくま》し、大いに学び、成長してもらいたい。

そして、皆が「信心の勝利者」即《そく》「青春の勝利者」となっていただきたい。

わが恩師・戸田先生は、「信は理を求め、求めたる理は信を深《ふか》からしむ」と言われた。教学によって信心が深まる。実践の力《ちから》が強まる。「行学《ぎょうがく》の二道《にどう》」は人間革命の直道《じきどう》なのである。

「わかる」ことは「かわる」ことだ。

今は「哲学なき時代」である。人類の宿命を転換する「新しい思想」「力《ちから》ある哲学」が渇仰《かつごう》される。心ある人は、真剣に求めている。

「平和と幸福の大哲理」を持《たも》った、君たち、貴女《あなた》たちこそ、世界の希望の光だ。

その自覚と誇りに燃えて、今日も御書を開こう!

創価の光

黙っていたら
広宣流布《こうせんるふ》は一ミリだって進まない。
日蓮大聖人《にちれんだいしょうにん》御自身が
「音《こえ》も惜《おし》まず」（御書五〇四ページ）等と仰《おお》せである。
ゆえに最前線に打って出て
勇んで語るのだ。
滔々《とうとう》としゃべるのだ。

「誓い」は貫《つらぬ》いてこそ

青年は、常に新たな出発だ！　共に生き生きと躍進だ！　この勢いが、青年の生命だ。

日蓮《にちれん》仏法は「本因妙《ほんいんみょう》」の仏法である。

今この時に、妙法《みょうほう》を唱え、現在そして未来の勝利の「因」を直《ただ》ちに刻むことができる。

ゆえに過去に囚《とら》われる必要はない。現状に安住してもならない。常に「これから」だ。新たな決意で「これから」を創《つく》り開くのだ。

師弟の誓いに生き抜く青春に、停滞はない。みずみずしい求道の息吹が、惰性《だせい》や慢心を打ち破るからだ。

誓いは貫《つらぬ》いてこそ、誓いである。そこから、尽きることのない「躍進」の力《ちから》が生まれる。

日蓮大聖人《だいしょうにん》は、青年門下《もんか》に「我《わ》が弟子等《ら》・大願《だいがん》をおこせ」（御書一五六一ジベー）と叫ばれた。

広宣流布《こうせんるふ》こそ、御本仏《ごほんぶつ》の誓願《せいがん》である。

この仏と同じ誓願《せいがん》に立って、祈り、行動する時、わが生命に「仏の勇気」「仏の智慧《ちえ》」「仏の力《ちから》」が無限に湧《わ》いてくる。

これこそが、不可能を可能にする源泉だ。

これほど価値ある誇り高い生き方はない。

自分で決めて、勇んで勝利の道を開くのだ。すべてを御本仏が御照覧《ごしょうらん》である。

胸を張って、友の幸福のために動くのだ。

「自発能動」こそ、青年の特権である。

勝利、勝利、また勝利の前進――これが、学会青年部の誓いである。永遠に勝ち進むためには、何よりも人材の流れを築くのだ。

今、日本中、世界中で新たな希望に燃えた若人《わこうど》が躍《おど》り出ている。この若き地涌《じゆ》の友が、一人ももれなく、正義の師子《しし》に、平和の天使に、強く明るく伸び伸びと育ってほしい。

恩師・戸田先生は、「人間をつくることだ。指導者をつくることだ」と、常々、語っておられた。

創価家族の温かい励ましの中で、人は育つ。

一段と、題目を大地に響かせて、地涌《じゆ》の菩薩《ぼさつ》を呼び出《いだ》そう！

そして、わが地域から、人材拡大のうねりを起こそうではないか！

索　引

※項目や分類は、参考として設け、主なページを明記した。

池田大作（いけだ・だいさく）

1928年～2023年。東京生まれ。創価学会第三代会長、名誉会長、創価学会インタナショナル（SGI）会長を歴任。創価大学、アメリカ創価大学、創価学園、民主音楽協会、東京富士美術館、東洋哲学研究所、戸田記念国際平和研究所などを創立。世界各国の識者と対話を重ね、平和、文化、教育運動を推進。国連平和賞のほか、モスクワ大学、グラスゴー大学、デンバー大学、北京大学など、世界の大学・学術機関の名誉博士、名誉教授、さらに桂冠詩人・世界民衆詩人の称号、世界桂冠詩人賞、世界平和詩人賞など多数受賞。

著書は『人間革命』（全12巻）、『新・人間革命』（全30巻）など小説のほか、対談集も『二十一世紀への対話』（A・J・トインビー）、『二十世紀の精神の教訓』（M・ゴルバチョフ）、『平和の哲学　寛容の智慧』（A・ワヒド）、『地球対談　輝く女性の世紀へ』（H・ヘンダーソン）など多数。

勝利の人間学

発行日　二〇一五年七月十七日
第3刷　二〇二四年十月三十日

著　者　池田大作
発行者　小島和哉
発行所　聖教新聞社
〒一六〇-八〇七〇　東京都新宿区信濃町七
電話〇三―三三五三―六一一一（代表）

印刷・製本　共同印刷株式会社

定価は表紙に表示してあります
ISBN978-4-412-01573-9